2017年乐山师范学院学术专著出版基金资助出版

中国社会保障制度的差序格局

苏祥 著

武汉大学出版社
WUHAN UNIVERSITY PRESS

图书在版编目(CIP)数据

中国社会保障制度的差序格局/苏祥著.—武汉：武汉大学出版社，2018.12

ISBN 978-7-307-17625-6

Ⅰ.中…　Ⅱ.苏…　Ⅲ.社会保障制度—研究—中国　Ⅳ.D632.1

中国版本图书馆 CIP 数据核字(2018)第 292829 号

责任编辑:程牧原　　责任校对:李孟潇　　版式设计:马　佳

出版发行：**武汉大学出版社**　(430072　武昌　珞珈山)

(电子邮箱：cbs22@whu.edu.cn　网址：www.wdp.com.cn)

印刷:武汉中科兴业印务有限公司

开本:720×1000　1/16　印张:14.25　字数:204 千字　插页:1

版次:2018 年 12 月第 1 版　2018 年 12 月第 1 次印刷

ISBN 978-7-307-17625-6　定价:46.00 元

目　　录

导　论

一、研究背景

20世纪80年代开始的经济改革引起中国社会全面变化，改革前结构分化程度很低的总体性社会在经济改革过程中迅速解体①，以往政治资源、经济资源以及组织资源集中合一于政府的状态逐渐瓦解，在社会转型中出现了两个市场——商品市场和劳动力市场。商品市场的出现改变了资源配置方式，调整了中国的经济结构，催生了各种新职业和新的社会群体；而劳动力市场的出现促进了社会流动，改变了以往的收入分配机制，扩大了社会分化，形塑了一个与计划经济时代完全不同的社会阶层结构。

经济改革加深了中国社会不平等程度，改变了社会阶层结构。改革前中国社会不平等程度很低，1979年全国城乡居民的基尼系数是0.33，1988年上升到0.382，1994年达到0.44，2005年不低于0.5②。这种社会分化甚至导致了贫富两极分化断裂社会的形成③，同时也导致社会分层结构发生急剧变化。在中华人民共和国建立之初(1950年)，中央政

① 孙立平、李强、沈原：《中国社会结构转型的近中期趋势与潜在危机》，见李培林，李强，孙立平等：《中国社会分层》，北京：社会科学文献出版社，2004年，第45页。

② 李强：《转型时期中国社会分层》，沈阳：辽宁教育出版社，2004年，第69~70页。

③ 孙立平：《中国社会结构的变迁及其分析模式的转换》，《南京社会科学》2009年第5期。

府以文件形式公布了当时的十三个阶级类别①。后来经过社会主义改造后，城市与乡村社会都实行社会主义制度，资源的分配依赖于一套严格的身份制度—户籍制度、单位制度、干部工人区分的档案制度、干部级别制度。这套制度体系塑造了1979年以前计划经济时期“两个阶级一个阶层”的阶层结构，即工人和农民阶级与知识分子群体。1979年后的市场经济改革导致社会利益分化急剧加大，既有群体在改革中得益，也有群体在改革中利益受损②。如工人阶层就成为典型的利益受损群体，在《当代中国社会阶层研究报告》中产业工人位于十大阶层的第八位，而失业工人更是位于十大阶层中的最底层③。

中国社会阶层结构变化主要源于经济改革导致的分配方式的变化。收入分配包括初次收入分配和再分配收入。在经济改革之前，收入分配在再分配权力控制下依赖于一套以户籍制度和单位制度为核心的身份制度，社会不平等主要表现在福利待遇而非经济收入上④。随经济改革而出现的商品市场和劳动力市场，导致不仅再分配权力在各阶层经济收入上继续发挥作用，同时人力资本在收入分配中的作用也逐渐凸显。这种收入分配方式的变化不仅表现在初次收入分配上，也体现在社会保障的再分配上。

为配合经济改革和应对市场经济带来的贫富差距扩大，中国社会保障体制变革自1979年后也在不断调整与变革。改革之前，中国建立起以身份为基础、相互分割的三种社会保障体制，即由国家保障制、单位

① 李强：《当代中国社会分层与流动》，北京：中国经济出版社，1993年，第61页。

② 李强：《转型时期中国社会分层结构》，哈尔滨：黑龙江人民出版社，2002年，第102~119页。

③ 陆学艺：《当代中国社会阶层研究报告》，北京：社会科学文献出版社，2002年，第9页。

④ Parish, W. L. “Destratification in China,” *Class and Social Stratification in Post-Revolution China*, Watson, J. (ed), New York: Cambridge University Press, 1984, pp. 84-120; Whyte, M. K. “Inequality and Stratification in China,” *China Quarterly* 65, 1975, pp. 684-771.

保障制和乡村集体保障制三种相互封闭、脱节板块组成的社会保障模式，其中城镇单位保障最全且水平最高①。改革之后，中国社会保障制度形成城乡社会保障制度、国家—单位保障制和国家—社会保障制两个二元社会保障制度并存的格局，其中城镇居民中就业于国有单位的保障程度最高。

尽管中国社会保障制度近30年来不断调整，但改革前社会保障旧体制仍继续发挥作用，如干部的社会保障待遇仍然由国家提供，城乡居民的社会保障程度仍旧存在差异等。各阶层在经济改革期间通过社会保障所获得的再分配收入，仍然具有较大的不平等性。社会保障制度作为社会分层的机制，在经济改革过程中究竟对社会分层结构有着怎样的影响？哪些因素影响了人们获得再分配收入的多寡？这样的社会保障制度是如何形成的？本研究将在市场转型理论视角下对社会保障制度的再分配效应展开分析，试图对上述问题作出回答。

二、相关文献研究述评

根据研究主题，本研究对相关文献研究述评从两个学科——社会学和社会保障学展开。社会分层研究是社会学研究的经典主题，社会学的107个分支都会从不同角度对社会分层展开讨论，以中国社会分层为主题的研究也是汗牛充栋。依循本研究主题，我们将以“中国经济改革”为主题的相关市场转型理论研究作为社会学相关文献述评的主要线索。

(一)市场转型理论及其相关争论与发展

关于中国市场转型与社会分层关系的讨论，发轫于1989年倪志伟在《美国社会学评论》发表的论文《市场转型论：国家社会主义从再分配向市场的过渡》。该论文发表后，诸多争论围绕转型经济中再分配权力

① 郑功成：《从企业保障到社会保障——中国社会保障制度变迁与发展》，北京：中国劳动社会保障出版社，2009年，第11页。

及其收入回报展开，各种不同理论观点也随后被提出来。

1. 倪志伟的市场转型论

倪志伟1989年发表的论文分析了厦门农村地区1985年的户均收入结构，该论文可以用一个假定、三个论题、十个推论、两个一般性假设来概括它的内容。

倪志伟所做的假定是，市场经济与再分配经济是两种完全不同的经济形态，与之相联系的有两种截然不同的社会分层机制。倪志伟的这一假定受波兰尼(Karl Polanyi)和泽林尼(Ivan Szelenyi)的影响。波兰尼曾对人类的经济生产方式做出三种类型划分，即市场经济、再分配经济和互惠经济。市场经济的特征是生产者与消费者建立横向联系，价格和货币是联系中介。再分配经济的特征是生产者和消费者没有横向联系，中央按照纵向网络中的权力关系从上而下地对产品和剩余进行再分配。泽林尼认为，社会主义是一种再分配经济，并有其一套独特的与再分配经济相适应的分层机制。拥有再分配权力是获得精英阶级地位的必要条件，没有再分配权力则表明被抛弃在精英阶层之外。

从波兰尼和泽林尼的观点出发，倪志伟提出，向市场经济转型将从根本上改变再分配经济中以权力作为分层机制的状况。他提出了三个论题来概括市场转型后的社会分层机制。

第一个是市场权力论题。如果生产者的剩余产品由市场交换而非再分配权力来配置，将会出现两种情况。第一种情况，控制资源的权力会更多地存在于市场交易中，较少地存在于再分配系统中；第二种情况，当劳动力和商品价格以买卖双方的契约为基础，而非通过行政手段来确定，直接生产者对其产品和服务进行交换的权力会扩大。因此，从再分配经济向市场经济的转型将伴随着权力基础的转移，即权力从再分配官僚转移到从事市场交换的直接生产者一方，这意味着对直接生产者的经济回报将高于再分配者的回报。依据这一命题，倪志伟导出三个假设。假设1：由再分配向市场协调的转型导致社会经济获得过程的改变，相对于再分配而言，直接生产者收益更多。假设2：国家社会主义中市场交换取代再分配机制越是彻底，政治资本相对市场经济就越贬值。假设

3：经历了由官僚协调向市场协调的过渡的社会主义经济成分中，再分配者在涉足私有企业经营中无任何优势。

第二个是市场刺激论题。因为市场经济中直接生产者有权力处理自己的产品和劳动力，与再分配经济中的劳动者相比，市场经济中的直接生产者获得的经济刺激更强烈，他们能更多地分享剩余产品。由于劳绩与报酬相关，劳绩又与人力资本的优劣、多寡相关，因此，市场刺激命题意味着对人力资本的经济回报的提升，对政治资本的经济回报的下降。在这一论题下，有两个假设。假设1：对男女两性而言，国家社会主义从再分配向市场的转型都会增加教育对家庭的价值。假设2：类市场经济中，文化资本对家庭收入有正向影响。

第三个是市场机会论题。从再分配向市场的过渡是再分配经济让位于市场经济的过程，这预示着向上流动的机会结构从再分配体制的独霸向市场体制的偏向的转变。这一论题下，有五个假设。假设1：邻近城市的程度对农民家庭收入的正向影响，在改革的社会主义经济中比在国家社会主义再分配经济中要高。假设2：由社会主义再分配经济向市场经济的转型将强化市场邻近对家庭收入的影响。假设3：由国家社会主义再分配经济向市场的转型增加社区教育的投入；假设4：在多样化的商品经济中人均占有土地的多少对家庭收入的影响趋弱。假设5：在改革的社会主义经济中，大量人口外流的历史对村庄中个体家庭收入有负面作用。

倪志伟在论文中明确表述了两个一般性假设。第一个假设是权力贬值，即市场转型将降低对政治权力的经济回报。第二个假设是人力资本升值，即市场转型将提高对人力资本的经济回报。关于政治资本贬值的假设，他的发现是，在人力资本和家庭组成因素一致的情况下，时任干部家庭收入低于一般农户。与企业主家庭相比，时任干部家庭、离任干部家庭，其家庭收入水平与企业主家庭都有相当大的差距。关于人力资本升值的假设，他有两项发现。第一，市场改革后夫妻合计的教育程度对家庭收入的影响是正向的，且具有统计显著性；第二，市场改革刚刚开始的1980年，尤其是改革前的1975年，夫妻的教育总和对家庭收入的影响是负向的，即教育水平越高，收入越低①。

市场转型论发表之后，倪志伟分别在 1991 年和 1996 年对其进行修正。1991 年，倪志伟对 1985 年福建农村调查进一步做出分析，提出“局部改革”的观点，强调在改革尚未完成之前，由于再分配体制仍然发挥作用，所以政治权力不是一夜之间贬值，而在局部改革中仍然得到相当程度的经济回报②。在占有更多实证资料的基础上，倪志伟 1996 年对市场转型论做出再次修正，提出“相对变化”的观点。他将全国区分为内地较传统的再分配经济、沿海再分配经济、沿海合作主义经济、沿海自由放任经济四类不同的经济类型，发现在所有四个类型中，企业主的收入回报都相当高，而干部的经济回报则没有那么高③。

2. 边燕杰、罗根的权力维系论

边燕杰与罗根(John Logan)研究了天津 1978 年到 1993 年改革进程及其收入变化，将他们的研究成果发表在 1996 年的《美国社会学评论》上，题目为《市场转型与权力维续：中国城市分层体系研究》。他们认为，在改革期间，中国两个核心制度安排，即共产党的领导和单位体制，仍然对城市分层体系有重要影响，这些制度安排对收入分配影响的延续被改革过程所强化。

政治权力的维续在再分配和市场两种体制中都有体现。在再分配体制中，劳动报酬的分配受政治权力的制约。在市场体制的条件下，政治权力之所以延续，是因为市场是在政治权力结构的影响下崛起、成长。拥有政治权力的人可以优先在市场体制中获得实惠。此外，市场机制往往是在再分配体制内部发育、成长、壮大的。

边燕杰与罗根关于天津的研究也发现支持市场转型论的资料。首

---

① Nee, V. “A Theory of Market Transition: From Redistribution to Markets in State Socialsm,” *American Sociological Review* 54, 1989, pp. 663-681.

② Nee, V. “Social Inequalities in Reforming State Socialism: Between Redistribution and Markets in China,” *American Sociological Review* 56, 1991, pp. 267-282.

③ Nee, V. “The Emergence of a Market Society: Changing Mechanisms of Stratification in China,” *American Journal of Sociology* 101, 1996, pp. 908-949.

先，对年龄的收入回报在逐年递减，表明以再分配为体制背景的年资效应在减弱。其次，对教育的收入回报是逐年上升的。再次，对市场关联性高的职业的收入回报在 1988 年以后迅速提高。最后，对市场化或类市场化企业的经济回报在 1993 年超过了对任何其他类型单位的经济回报。这些结果表明，在双轨制经济中，权力和市场都是向上流动的渠道①。

3. 白威廉和麦谊生的政治市场论

虽然在边燕杰与罗根之论中，再分配体制内已有市场产生的思想，但是他们的市场概念还是存留在经济市场的圈子里。白威廉(Parish)和麦谊生(Michelson)突破了这个框架，大胆提出在经济市场发展过程中，转型经济中出现重要的政治市场。他们认为，注重经济、政治二元市场的结构和互动规律，是解开市场转型论争辩的关键。

白威廉和麦谊生指出政治市场的三种重要形式，即工人与干部的关系、企业与政府主管部门的关系以及地方与中央的关系。他们认为，在市场改革的进程中，这三种关系都处于双方的讨价还价之中，讨价还价的双方的资源是政治性的。由于这些政治市场的关系影响着利益分配，并且影响着经济市场的运行，所以政治资源、政治权力在市场转型过程中将不会被贬值，对政治权力的经济回报将会持续保持优势。

白威廉与麦谊生分析的资料是 1988 年的统计调查数据，他们反对倪志伟对沿海再分配经济的划分，也不同意倪志伟对干部的定义。在对地区和干部类别分类做调整后，白威廉与麦谊生重新分析了倪志伟 1996 年使用过的资料。结果发现，在所有四类地区，对干部的经济回报都是正向的。就收入绝对量而言，官员的收入优势截至 1988 年还未消失，而且，在更趋市场化的地区也未开始下降②。

---

① Bian, Y., Logan, J. "Market Transition and the Persistence of Power: The Changing Stratification System in Urban China," *American Sociological Review* 61, 1996, pp. 739-758.

② Parish, W. L., Michelson, E. "Politics and Markets: Dual Transformation," *American Journal of Sociology* 101, 1996, pp. 1042-1059.

4. 魏昂德的政府即厂商论

白威廉与麦谊生的政治市场论指出了政治与经济的联系，但政治市场的概念将政府排除在经济市场之外，魏昂德1995年在《美国社会学学刊》发表论文《政府即厂商》，阐述政府已是经济市场中的必要一员，因为地方政府已经从事经营，以厂商的角色参加市场活动。在经济活动中，本来作为球赛裁判的政府，现在已经作为球员参加球赛。

政府以裁判与球员的双重角色参加市场改革过程，引起很多值得研究的问题。其与市场转型和社会分层研究的关联有两个：一是，它解释了为什么政府的权力作为政治权力的重要形式在改革中的维续。参加市场活动不但成为政府发挥权力作用的机会，而且，政府通过参加市场和权力运作，为政府机构和官员直接获得经济回报。二是，不是所有政府都有同样的能力和刺激成为厂商。魏昂德认为，越是远离中央权力的政府越有能力成为厂商，因为远离中央权力不仅意味着自主权力的增强，还意味着中央对地方政府的监控能力下降，地方政府有充分的刺激用很多方式将政府变为厂商。

远离中央权力并非一个地域概念，而是一个科层概念，所以级别低的县乡政府比级别高的省市政府更远离中央权力。魏昂德的实证分析发现，山东邹平相比天津，更远离中央，因而邹平在各种政府即厂商的指标上都超过天津①。

5. 林南的地方市场社会主义论

林南在1995年发表论文《地方市场社会主义：中国农村地方法团主义实际运行》，以天津大邱庄为例，说明了地方政治权力结构不一定依市场转型而发生根本变化，是因为该结构的基础是家族网络。地方市场社会主义中的市场，指的是地方经济的协调机制是市场原则，即价格机制、自由竞争和优胜劣汰。地方市场社会主义中的社会主义，主要是从

① 参见 Walder, A. G. "Local Government as Industrial Firms: An Organizational Analysis of China's Transtitional Economy," *American Journal of Sociology* 101, 1995, pp. 263-301.

产权出发，指的是地方经济组织的产权管理主体不是私人，而是社区集体。运作这样一种市场化的集体经济，需要强有力的政治权力结构。

林南发现，天津大邱庄从再分配性质的集体经济发展到市场化的集体经济，其政治权力结构未发生根本变化，主要领导人都未离职，新的领导人都是从老干部家族网络中提拔的。这一现象是对市场转型论的挑战，因为市场转型论预测，拥有再分配权力的干部应该在市场转型过程中丧失权力基础，成为失败者。

林南认为，在天津大邱庄的案例中，政治权力结构能够超越市场经济体制，原因就是这一权力结构所依赖的基础是家族网络。家族网络的特征是它的维续性，因为家族关系是随代际传承而持续发展的，所以政治权力能够持续下去。因此，家族网络成为村落政治权力的基础，是转型经济中的重要现象①。

6. 周雪光的政经共变论

周雪光2000年在《美国社会学杂志》上发表题目为《中国城镇中的经济转型与收入不平等：来自追踪数据的发现》，试图综合有关国家社会主义转型争论的各种理论思想，并在此基础上设计了一个概念模型来指导数据分析，这一概念模型就是“政治与市场共变”。周雪光认为，以往关于国家社会主义转型的理论争论包含两种理论趋向：一是倪志伟等人强调市场的作用，他们认为新的市场机制有取代旧有的经济和政治制度的作用。二是市场转型论，反对者强调现有社会和政治制度的作用，他们认为正在进行的转型和正在出现的经济制度和现存的政治、经济和社会制度纠缠在一起。周雪光认为两个方面都重要，应该把制度变迁看成是政治和经济制度共同变化的过程。

周雪光用“政治与市场共变”模型来描述中国制度变迁过程中政治与市场之间的内在因果关系。他指出，国家启动改革和市场推进是经济转型的两个主要动力源，这两个动力源促使政治和市场在互动过程中共

① 参见 Lin, N. “Local Market Socialism: Local Corporatism in Action in Rural China,” *Theory and Society* 24, 1995, pp. 301-354.

变。他采用制度经济学的理论来解释这两者共变。依据这种理论，政治和市场并不是相互对立的，国家在建立制度规则中起到了关键性作用，市场正是在这些制度规则中运作的。因此，市场扩张并不是一个自我演化的进程，相反，经济活动是嵌入在社会情境和历史变迁的路径之中的。在政治和市场共变的过程中，国家是一个活跃的行动者，并且带有自身利益和偏好。最后导致的结果就是，经济制度的演变必然反映为相互竞争的利益和制度的妥协。

根据政治与市场共变的分析，周雪光对于传统市场转型理论有关再分配制度与市场制度的区分提出了疑问。他指出，再分配国家的撤出并不意味着市场的推进。新制度的出现通常采取一种与现存规则、权威关系和可用的解决方案相结合的方式。因此，周雪光认为，要抛弃以往"老的"和"新的"制度标签，考虑被观察到的经济交易和新的制度现象在多大程度上是由市场原则或政治原则所主导，以及它们以什么样的方式侵蚀、强化或转化了市场和政治，尤其是以什么特殊方式，"老的"和"新的"利益对规则制定过程施加了影响。只有通过这样的分析，才能更好地理解不同社会群体的优势和劣势的来源①。

7. 国内学者对市场转型论的研究

关于市场转型对社会分层机制的影响，中国学者的研究也取得了大量研究成果。这些研究主要集中在两个方面：第一，中国学者对市场转型理论及其相关争论在中国转型社会中解释力的实证检验与发展；第二，中国学者对市场转型论及其相关争论的反思。

(1)中国学者对市场转型论及其争论的实证检验与发展。

①宋时歌的权力转换延迟效应说。宋时歌认为，中国市场转型中权力转换的延迟效应决定了社会主义国家向市场转变过程中的精英循环与再生。各社会不同的制度结构决定了各社会具有不同的社会阶层结构。中国市场经济改革不同于苏联和东欧，而是创造了一种再分配经济与市

① Zhou, X. "Market Transformation and Income Inequality in Urban China: Evidence from Panel Data," *American Journal of Sociology* 105, 2000, pp. 1035-1074.

场经济同时并存的混合经济体制。中国经济改革中“政权稳定与连续”以及“市场经济的扩展”导致了干部权力的延续。因为政府是改革的主导者和控制者，所以干部群体能够而且愿意将旧体制下的再分配权力转化为新环境下的形式，即市场经济中的经济权力。在改革之初，干部因旧体制中巨大的既存利益而延缓了他们向市场经济转换的步伐。这种延缓使得社会下层能有机会填补经济市场中短暂的权力真空，成为新兴的经济精英。随着市场经济的迅速扩展，干部会被市场经济中的巨大利益所吸引，一部分干部会迅速转向市场经济。随着权力被转换成经济利益，干部成为经济改革中新兴经济精英的主要来源。通过数据分析，宋时歌证实干部身份对私营企业主身份地位的获得具有极大促进作用，并且有明显的时间差异，而教育程度往往只是权力的附属品，不能起决定性作用①。

②刘欣的权力衍变说。刘欣认为，权力精英一直在生活机遇中处于优势地位，权力转移论不能对此做出解释，权力持续论虽然预测到这一点，却未能对权力持续作用的机制做出令人满意的解释。他在制度主义的基本前提设定下，提出了权力衍变说。他的制度主义基本前提设定是：社会分层作为制度化的不平等再生机制，总是嵌入在既定社会经济形态的基本制度安排之中，并由这些基本制度安排来解释；在现代社会中，产权的所有制形式，以及国家权力与产权之间的关系，构成了最基本的制度安排；像再分配、市场这样的经济整合制度，都是从基本制度安排中衍生出来的。在让利放权和市场化过程中，中国社会的产权制度和公有经济的委托—代理关系发生了变化。这种制度变化导致公共权力部分地表现为再分配权力，公共权力衍生成权力精英的寻租能力，市场能力对生活机遇的分配有重要影响。基于权力衍变逻辑，刘欣提出三个命题。第一个命题是权力持续论，指的是在市场经济改革中，公共权力作为再分配权力仍是阶层分化的动力基础；第二个命题是权力衍生论，

① 参见宋时歌：《权力转换的延迟效应：对社会主义国家向市场转变过程中的精英再生与循环的一种解释》，《社会学研究》1998 年第 3 期。

指的是在让利放权和市场化过程中，公共权力衍变为权力精英谋取私利的寻租能力；第三个命题是市场能力命题，即经济改革中，市场能力也是社会阶层分化的动力基础①。

市场转型论及其争论通常都是以“经济收入”作为解释变量，中国的学者拓展了理论的解释范围。边燕杰与张展新将市场转型理论用于解释中国城镇居民住房产权、住房面积和居住质量。依据市场转型过程中政治资本和人力资本的回报，边燕杰与张展新提出了三个需要验证的研究假设：管理精英和专业精英比非精英更可能拥有住房产权，住房面积更大，居住质量更高；如果市场转型理论正确的话，与管理精英相比，专业精英将在住房产权、住房面积和居住质量方面均处优势；如果权力维续理论正确的话，与专业精英相比，管理精英将在住房产权、住房面积和居住质量方面处于优势。利用2000年全国人口普查资料，边和张研究发现，管理精英在住房产权上具有优势，而在管理精英内部，党政机关负责人相比企事业单位负责人更具有优势。因此，在市场转型过程中，社会分层的再分配机制和市场化机制同时都在起作用②。另外，赵方杜利用2006年CGSS（中国综合社会调查）数据做了类似研究。赵从市场机制、权力机制和地区机制三个方面对中国城市家庭住房产权、住房面积、住房价值和住房结构方面的分化与差异进行了分析。他的研究发现与边和张的研究相近，而且对市场化程度不同的地区进行了比较，发现市场化程度越高的地区，城市家庭之间的住房分化越显著③。

除此之外，赵万里和穆滢潭单独将科技人员的收入作为因变量进行了研究。他们比较分析了不同市场化水平地区的科技人员的收入，发现人力资本和政治身份对科技人员的收入都有正向影响力，但是政治身份

① 参见刘欣：《中国当前阶层分化的多元化动力基础——一种权力衍生论的解释》，《中国社会科学》2005年第4期。

② 边燕杰、张展新：《社会分层、住房产权与居住质量——对中国“五普”数据的分析》，《社会学研究》2005年第3期。

③ 赵方杜：《市场转型与城市家庭的住房分化——基于CGSS2006数据分析》，《华东理工大学学报（社会科学版）》2013年第6期。

的影响力随收入水平提高而减弱。在市场化程度较低的地区，政治身份的正向影响主要存在于低收入群体，在中等市场化地区，这一影响存在于中高收入群体，在较高市场化程度地区，这一效应仅存在于高收入群体①。

(2)对市场转型论及其相关争论的反思。

中国学者对相关的市场转型理论的反思主要从两个方面展开——理论反思和实证反思。理论反思方式大多通过梳理市场转型理论纷争，结合中国市场转型的实际，提出市场转型理论研究存在的问题和将来的研究方向。

理论反思强调市场转型理论研究应该关注市场转型过程中各种制度背景和各制度随市场转型所发生的实际变迁，这也是市场转型理论研究的一个趋势②。孙立平指出了中国市场转型与苏联和东欧不一样的制度特征，即政体连续性下的渐进式改革、权力连续性背景下的精英形成和主导性意识形态连续性背景下的非正式运作。这样的制度特征要求对市场转型研究采用实践社会学的角度，比较分析普通人日常生活。为接近实践形态的社会现象，孙立平提倡采用过程—事件的研究策略③。通过考察中国分层研究的制度主义范式，林克雷与陈建利指出，研究社会成员获得资源因素需要考虑具体的制度背景，结合地方性文化因素④。周怡从社会整合——产权整合、权力整合和利益整合的角度，对市场转型理论展开述评，认为，市场转型理论还处于争鸣与酝酿阶段，对市场转型的描述多于对变迁的解释。周认为市场转型理论专注于利益，而无法估量如乡土共同体关系、社会主义的理念、长期形成的政治意识形态、

① 赵万里、穆滢潭：《市场转型与科技人员收入差异影响因素分析：基于2009年调查数据的实证分析》，《广东社会科学》2014年第2期。

② 方春华：《从再分配到市场：市场转型与社会分层研究综述》，《南京社会科学》2006年第1期。

③ 孙立平：《实践社会学与市场转型过程分析》，《中国社会科学》2002年第5期。

④ 林克雷、陈建利：《当代中国分层研究中的制度主义范式》，《社会科学研究》2005年第1期。

价值观念的共享和高度集中的权力控制社会等种种整合力量所具有的特殊意义①。而张欢华则比较了市场转型理论和市场转型研究的差异，指出，市场转型理论考察的是资本回报问题，而市场转型研究则要宽泛，主要包括资本回报、市场转型理论的普适性、产权改革以及转型的终点这四个问题。张还提出市场转型研究应注意的两个视角，即国家中心地位、正式制度与非正式制度的同在同变②。

边燕杰和陈那波更是在理论述评的基础上，具体指出了市场转型理论将来研究的方向。边燕杰提出了几个具体的研究课题：第一，对教育程度的经济回报；第二，对性别角色的经济回报；第三，非货币的再分配经济实惠及其在社会分层研究中的作用；第四，对权力和收入测量的发展③。陈那波则指出了中国社会转型将来的研究方向：第一，在回答"谁得到了什么?"的问题时，市场转型论应加强对改革中出现的新群体、新兴资源的研究，在回答"为什么得到?"时，应该更关注中国独特的制度背景特征；第二，要关注国家和市场的互动及其对个人生活机遇的影响；第三，要加强对资源配置过程的分析④。

在理论反思的基础上，中国学者提出自己的理论观点并对其进行实证检验，具有代表性的研究有：边燕杰与张展新的市场转型与政府经济职能互动观，李路路的阶层相对关系模式的双重再生产，梁玉成的中国渐进转型中初职进入和代内流动的不同模式分析。边燕杰认为，中国市场转型的主线是"不同市场形态以不同速率在发育"和"政府经济职能从直接协调转向间接干预"。边燕杰在"市场扩张与政府经济职能转变的互动过程"的框架下，分析了市场化对收入分配格局的影响，他经研究发现，人力资本和政治资本在市场化过程中增值，经济部门分割对经济

① 周怡：《市场转型理论与社会整合》，《社会》2005 年第 1 期。

② 张欢华：《国家社会主义市场转型：问题和争论》，《社会》2007 年第 6 期。

③ 边燕杰：《美国社会学界的中国社会分层研究(代序言)》，见边燕杰主编：《市场转型与社会分层——美国社会学者分析中国》，北京：三联书店，2002 年，第 37～39 页。

④ 陈那波：《海外关于中国市场转型论争十五年文献述评》，《社会学研究》2006 年第 5 期。

收入分配有影响，而且干部权力和收入优势与国家再分配的相关性不大①。李路路将以往的市场转型理论逻辑归为两类，即现代化—功能主义理论逻辑和制度主义理论逻辑，认为中国市场转型中的社会阶层结构不仅受经济技术理性和经济体制变化的影响，还受到中国特定系列制度安排的影响。依据中国特定制度转型特征，李路路提出，中国阶层相对关系模式在市场转型过程中具有"双重再生产模式"的特征。这种特征的含义有两个：一是改革前后阶层之间的继承关系在阶层相对关系模式中占有主导地位；二是原有的阶层再生产模式在城市社会的制度过程中被持续地再生产出来②。梁玉成认为，市场转型理论及其争论所通用的讨论模型与中国实际制度背景不合，因为中国实践的是渐进性市场改革。因此，梁玉成指出，转型理论的通用讨论模型在用于分析中国转型时，存在两个重大缺陷：一是缺少对不同所有制劳动部门的控制，二是缺少对年龄与不同所有制劳动力部门的交互作用的控制。梁玉成应用CGSS2003数据对此进行了实证检验，发现中国渐进转型与其他前社会主义国家的激进转型对分层秩序有完全不同的影响，主要表现在初职的不同所有制劳动力部门进入模式和代内劳动力部门流动模式上③。

（二）关于社会保障制度的社会分层效应研究

关于社会保障制度的社会分层效应研究经典是艾斯平-安德森(Gosta Esping-Andersen)的《福利资本主义的三个世界》。该研究不仅对社会保障研究影响巨大，对社会分层研究也有较大影响。在格伦斯基(David Grusky)编辑的《社会分层》一书中，他将该书概要收录到第七编"未来研究"之中。

---

① 边燕杰、张展新：《市场化与收入分配——对1988年和1995年城市住房收入调查的分析》，《中国社会科学》2002年第5期。

② 李路路：《制度转型与分层结构的变迁——阶层相对关系模式的"双重再生产"》，《中国社会科学》2002年第6期。

③ 梁玉成：《渐进转型与激进转型在初职进入和代内流动上的不同模式——市场转型模型应用与中国市场转型研究的修订》，《社会学研究》2006年第4期。

艾斯平-安德森依据非商品化原则，划分出三个福利资本主义制度，即自由主义福利模式、保守主义福利模式和社会民主主义福利模式。他认为，整个社会分层化的各种逻辑是深深扎根于福利国家的构筑过程中的。收入分配只是福利国家分层化的一个方面，除此之外，福利国家还通过各种途径影响着阶级和地位差异的形成①。三种不同的福利制度表现出三种迥然相异的分层化趋势，对劳动力市场具有三种不同的影响。以瑞典为代表的社会民主主义福利模式的劳动力市场是“社会福利主导型的就业结构”。以德国为代表的保守主义福利模式的劳动力市场是以传统就业模式为主的、合作主义占统治地位的就业结构，以美国为代表的自由主义福利模式的劳动力市场是二元化的就业结构②。

尽管近些年社会保障的研究蓬勃发展，但国内学者对社会保障制度的社会分层效应研究却寥寥无几。

有的研究分析了基本社会保障制度在社会分层中的作用。杨伟民依循艾斯平-安德森的思想，分析了社会保险在社会分层中的作用。基于数据分析，他发现，年龄较大且在国有企业和三资企业工作的人，在规模较大企业工作的人，教育程度较高、职业阶层较高以及收入水平较高的人，更有可能进入基本社会保险体系，现行社会保险制度没能修正市场竞争结果③。谭兵分析了社会政策对行业分层的影响，指出，中国社会保险权利存在分层状况，在主要社会保险项目上，党政机关社会保险权利位居首位，而农民居末位，因此，社会政策转移支付的方向拉大了行业社会保障的差距④。宋娟从理论上论证社会保障制度对社会分层产

---

① [丹]考斯塔·艾斯平-安德森：《福利资本主义的三个世界》，郑秉文译，北京：法律出版社，2004 年，第 62 页。

② 郑秉文：《福利资本主义模式的变迁比较：政治经济学视角》，见[丹]考斯塔．艾斯平-安德森：《福利资本主义的三个世界》，郑秉文译，北京：法律出版社，2004 年，第 336 页。

③ 杨伟民：《当前中国社会保险在社会分层中的作用》，《社会学研究》2005 年第 5 期。

④ 谭兵：《就业的行业分层与社会政策的影响》，《中山大学学报(社会科学版)》2011 年第 1 期。

生影响的两种可能：一是社会保障缩小阶层差异；二是社会保障固化和加深已有社会分层结构①。宋宝安和李艳艳也从理论上分析了社会保障制度的社会分层效应，并指出，社会分层不仅可以作为社会保障制度绩效评估的工具，还可指导社会保障制度的发展方向②。李艳艳还分析了社会保障制度与社会分层之间的相互影响关系。结合中国社会福利制度与社会分层的实际情况，李艳艳认为，我国当前碎片化的社会福利制度固化了现有的社会分层结构，而现有的社会分层结构及其未来发展趋势又形塑了社会福利制度的发展③。

由于在社会保障制度中，社会养老保险的转移支付效应最明显，因此，有学者专门讨论了社会养老保险与社会分层的关系。李真男对不同部门的养老保险的平等性进行数据分析，发现党政机关和事业单位的平均潜在收入高于企业和其他部门，但是前二者的净税率却最低，甚至为负，企业和其他部门的净税率为正。而按照平等性原则，平均潜在收入越高的就业部门，净税率也应该越高。这一发现表明当前社会保险体制在不同就业部门之间存在不平等性，具有严重的累退性④。

(三)市场转型论视角下社会保障制度的分层效应

1. 社会保障的分层效应：对市场转型论的补充

从上述对市场转型论及其纷争的简述来看，市场转型的争论焦点是对政治资本和对教育的回报问题⑤，可将其简化为一个模型，即“经济

① 宋娟：《社会分层视角下的社会保障质量提升研究》，《社会保障研究》2012年第6期。

② 宋宝安、李艳艳：《论社会分层与社会福利制度关系》，《社会保障研究》2009年第1期。

③ 李艳艳：《固化与形塑——我国社会福利制度与社会分层的关系研究》，北京：中国社会科学出版社，2011年，第13页。

④ 李真男：《社会分层、收入差异和机关事业单位养老保险的可能取向》，《财政金融》2013年第2期。

⑤ 边燕杰、吴晓刚、李路路：《述评与展望》，见边燕杰、吴晓刚、李路路编：《社会分层与流动》，北京：中国人民大学出版社，2008年，第15页。

收益=政治资本+人力资本”。在该模型中，经济收益是政治资本和人力资本的函数，其反映了市场转型过程中的两种分配逻辑，即政治资本的回报逻辑是再分配制度，人力资本的回报则被看作是市场逻辑的反映。市场转型理论要解释两种分配逻辑改革前后的变化，需要在同一基础上考虑纵向和横向两个方面。同一基础指的是对模型中变量的测量与讨论要前后一致且全面；纵向上是指，市场转型理论需要比较政治资本和人力资本对经济收益的回报在改革前后及转型之中的变化；横向上是指，市场转型理论需要比较政治资本和人力资本在某个时点上对经济收益回报的大小。

相对于模型中自变量的细化与操作化进展，因变量“经济收益”的测量进展缓慢①。既往研究对因变量“经济收益”的测量主要有如下方式：所有家庭现金收入(包括农业、副业生产、非农生产以及村外工作家庭成员的汇款)②、家庭总收入③、基本工资(包括浮动工资和各种补贴及福利金)和其他收入来源(私营部门工资、第二职业所得、银行储蓄收入、亲戚及其他非工作来源)④、本工资收入加上以现金形式发放的奖金和补贴⑤、全部收入(基本收入、奖金和其他收入信息)⑥、基层村庄家庭平均收入⑦、月收入总和(包括常规工资、奖金、补助或来自

---

① 陈那波：《海外关于中国市场转型论争十五年文献述评》，《社会学研究》2006年第5期。

② Nee, V. “A Theory of Market Transition: From Redistribution to Markets in State Socialism,” *American Sociological Review* 54, 1989, pp. 663-681.

③ Parish, W. L., Michelson, E. “Politics and Markets: Dual Transformation,” *American Journal of Sociology* 101, 1996, pp. 1042-1059.

④ Bian, Y., Logan, J. “Market Transition and the Persistence of Power: The Changing Stratification System in Urban China,” *American Sociological Review* 61, 1996, pp. 739-758.

⑤ Xie, Y., and Hannum, E. “Regional Variation of Earings Inequality in Reform-Era Urban China,” *American Journal of Sociology* 101, 1996, pp. 950-992.

⑥ Zhou, X. “Market Transformation and Income Inequality in Urban China: Evidence from Panel Data,” *American Journal of Sociology* 105, 2000, pp. 1035-1074.

⑦ Walder, A. G. “Markets and Income Inequality in Rural China: Political Advantage in an Expanding Economy,” *American Sociological Review* 67, 2002, pp. 231-253.

市场利润)①。从已有研究对经济收益的测量来看，经济收益主要是个人收入中的市场收入或工资收入，而个人收入应等于市场收入或工资收入加上转移支付②。可见，市场转型理论对个人收入只关注了个人的市场收入或工资收入，而忽略了转移支付，其关于经济收益的函数只是考虑了部分个人收入，没有考虑社会保障制度的转移性收入。

从理论上讲，再分配制度通过两种再分配方式对个人的经济收益发挥作用：一是对位于公共部门中劳动者初次工资收入的再分配；二是对全体劳动者的社会保障转移支付的再分配。而研究者们只关注了第一类再分配方式，而忽略了第二类再分配方式。如果忽略第二类再分配方式又不影响市场转型理论的解释力，市场转型理论必须满足一个前提假定：改革前后，社会保障的转移支付对经济收益的影响是微不足道的，或是均等化的。

但已有的研究表明这一前提假定很值得怀疑。改革前，社会保障制度的城乡差别对个人收入的影响自不必言。在计划经济时代的城市社会中，城市居民工作是国家计划分配的结果，而各职业工资也由中央分配③，表现为相同职业之间工资收入差异大于不同职业之间工资收入差异④，在再分配者和直接劳动者之间，非工资性收入表现出极大差异⑤，由于资源与福利大多需通过团体的媒介而配给⑥，各单位因财政

① Wu, X., Xie, Y. " Does the Market pay off ? Earings Return to Education in Urban China," *American Sociological Review* 68, 2003, pp. 425-442.

② [美]保罗·萨缪尔森、[美]威廉·诺德豪斯：《经济学》，萧琛主译，北京：人民邮电出版社，2004年，第185页。

③ Walder, A. G. " Wage Reform and the Web of Factory Interests," *The China Quarterly* 109, 1987, pp. 22-41.

④ [美]白威廉：《中国的平均化现象》，见边燕杰主编：《市场转型与社会分层——美国社会学者分析中国》，北京：三联书店，2002年，第49页。

⑤ Szeleny, I. " Social Inequality in State Socialist Redistributive Economies," *International Journal of Comparative Sociology* 19, 1978, pp. 63-87.

⑥ Zhou, X., Moen, P., Tuma, N. B. " Stratification Dynamics under State Socialism: The Case of Urban China: 1949-1993," *Social Forces* 74, 1996, pp. 759-796.

预算差异、国家对单位提供资源的依赖程度等提供差异化的单位福利①。因此这一时期的不平等是工作收入和单位福利共同作用的结果。从工作获取到工资收入都由国家计划分配，提供福利的单位产权也归属于国家，市场转型理论考察这一时期的不平等，实际上是比较政治资本和人力资本对再分配体制中工资收入和单位福利作用的大小。

改革之后，再分配经济中开始出现地方商品经济，然后转向社会主义混合经济，最后形成资本主义导向经济②。市场转型过程中，分割化的劳动力市场开始形成，部分劳动者处于再分配体制中，部分劳动者处于市场经济中，而社会保障制度的改革让处于不同分配体制中的劳动者享有差别化的保障程度③。尽管还缺乏具体的实证研究证据来证明社会保障的转移支付对个人经济收益的综合影响力，但还是有不少研究探讨了社会保障与社会分层的相互关系④。而且，中国社会保障服务均等化研究报告显示，现阶段社会保障因城乡、地区、制度分割等因素还远谈不上均等化⑤。

可见，无论改革前后，不均等的社会保障再分配收入对居民收入都有重要影响，对社会不平等形成具有重要作用。如果把社会保障的转移支付纳入市场转型理论中，市场转型理论关于经济收益的函数，改革前为“工资收入+单位福利=政治资本+人力资本”，改革后为“工资收入/市场收入+社会保障转移支付=政治资本+人力资本”。以往市

① Walder, A. G. “Property Rights and Stratification in Socialist Redistributive Economies,” *American Sociological Review*, 57, 1992, pp. 524-539.

② Szelenyi, I., Kostello, E. “The Market Transition Debate: Toward a Synthesis,” *American Journal of Sociology* 101, 1996, pp. 1082-1096.

③ 谭兵：《就业的行业分层与社会政策的影响》，《中山大学学报》(社会科学版)2011年第1期。

④ 李真男：《社会分层、收入差异和机关事业单位养老保险的可能取向》，《财政金融》2013年第2期。

⑤ 丁元竹：《中国社会保障服务均等化研究》，见郑功成主编：《中国社会保障改革与发展战略》，北京：人民出版社，2011年，第147~175页。

场转型研究讨论的是函数“工资收入/市场收入=政治资本+人力资本”，而缺少对函数“社会保障转移支付=政治资本+人力资本”的分析。

市场转型理论因没有考虑社会保障制度再次分配收入，从而在理论解释上会存在两个缺陷。其一，将个人收入作为划分社会阶层结构的标准时，个人市场收入与个人的再次分配收入都会对社会阶层结构产生影响，因为不平等是各类市场和再分配体制作用的结果①，社会福利体制同样是一种社会分层化的体系②，因此忽略社会保障的再分配收入而仅将个人市场收入作为划分社会阶层的标准，不能充分描述市场转型分层化的实际状态。其二，从纵向比较来看，改革前工资收入与单位福利都是再分配权力作用的结果，而改革后因劳动力的市场分割，只有国有部门的劳动者工资收入和全部劳动者的社会保障转移支付收入是再分配权力作用的结果，而改革前单位福利供给的机制与改革后社会保障转移支付机制不同，忽略社会保障的转移支付，对再分配权力在改革前后变化机制的解释将不充分；从横向比较来看，改革后劳动者社会保障制度碎片化为不同劳动力市场的个人提供了差异化社会保障，对公共部门和私营部门社会保障收入缺乏比较，有可能会低估再分配权力在市场转型过程中的作用力。

2. 社会保障的再分配机制：资本的回报

近十年来，中国社会保障研究蓬勃发展，这些研究大致为讨论社会保障制度应该是什么、怎么建构的问题。“应该是什么”讨论的是中国社会保障制度设计，而“怎么建构”讨论的则是中国社会保障制度建设技术问题，但缺少对社会保障制度所存在的制度背景，如政治、经济、

---

① Szelenyi, I., Kostello, E. “Outline of an Institutional Theory of Inequality: The Case of Socialist and Postcommunist Eastern Europe,” in M. C. Brinton and Victor Nee(eds), *The New Institutionalism in Sociology*, New York: Russell Sage Foundation, p. 305.

② ［丹］考斯塔·艾斯平-安德森：《福利资本主义的三个世界》，郑秉文译，北京：法律出版社，2004年，第62页。

文化等制度要素的分析①。尽管社会公平与和谐社会是社会保障研究中的高频词②，理论上社会保障制度具有缩小社会贫富差距的作用，是社会安全网，但鲜有研究分析社会保障制度实际的再分配效应。在讨论社会保障的再分配效应的研究中，学者们指出了社会保障再分配效应在如行业、单位、户籍等制度性因素和教育程度、收入等自致因素上存有差异，但这些研究缺少一个理论框架来探析社会保障制度分配资源的内在机制。

本研究将社会保障制度的获得机制研究纳入市场转型理论分析框架之中，讨论政治资本和人力资本在社会保障制度的再分配效应中的相对作用大小，力图完善市场转型论以往因对社会保障制度再分配效应的忽略而形成的理论缺陷，同时也尝试厘清社会保障制度的分配机制。

三、研究方法

本研究将采用定量研究方法，并结合定性研究方法。定量研究方法主要是用来分析在社会保障制度资源再分配中，政治资本和人力资本的回报大小，以及对社会分层结构的影响。研究所采用的定量分析数据来源于 CGSS(2008)中的部分数据。数据处理主要采用描述性统计分析技术和解释性统计分析技术。描述性统计分析对研究采用的数据的集中趋势、离散趋势以及数据的分布等方面做统计描述，并采用相关分析来探析变量之间的相关关系，为进一步的解释性统计分析做准备。研究所采用的解释性统计分析方法主要是 Logistic 回归分析，以此来探析主要变量之间的因果关系。就本研究而言，Logistic 回归分析用以分析政治资本和人力资本对个人在社会保障制度再分配中所得的影响力，借此进一步分析社会保障制度的再分配所具有的社会分层效应。

本研究采用定性研究方法中的文献研究法。文献研究将主要从以下

---

① 郑功成：《中国社会保障研究及理论取向》，《经济学动态》2003 年第 6 期。

② 张春红、卓越：《国内社会保障研究的知识图谱与热点问题——基于文献计量学的共词分析视角》，《公共管理学报》2011 年第 4 期。

几个方面进行。第一，梳理以往相关研究，了解相关研究的进展和最新的研究动态，为本研究寻找相关理论基础和研究方向。第二，界定研究中的概念，保障统计分析中变量测量的信度和效度。本研究中的三个核心变量——社会保障再分配收益、政治资本和人力资本，在以往研究中都存在测量困难，尤其是社会保障再分配收益。只有在充分掌握文献的基础上，才能更有效地度量变量。第三，本研究不仅分析在社会保障制度再分配中的资本作用和社会保障再分配的分层效应，还尝试解释为什么会形成这样的社会保障制度。在梳理和分析相关研究的基础上，结合数据分析的结果，最后本研究将社会保障的变革与市场转型过程中相关制度的变迁结合起来，为当前社会保障制度形成提供一个理论解释框架。

四、研究思路与框架

（一）研究思路

中国经济改革是在国家主导下的渐进式改革。在经济体制改革之前，总体性社会所具有的政治资源、经济资源以及组织资源的聚合与集中，是当时中国社会主要的制度特征。这些制度特征表明，国家在资源分配过程中发挥着关键性作用。依据户籍制度、单位制、干部行政级别体制等一套身份制度，再分配权力将资源如工资、单位福利等分配给社会各阶层或阶级。这一时期，是否拥有再分配权力以及拥有的再分配权力的大小决定着个人的收益，而人力资本，如受教育程度，甚至对个人收益具有负面的影响。

1978 年开始的经济体制改革导致中国经济朝向混合经济发展，既有公有经济的存在，也有市场经济的存在。政府的经济职能也从以计划协调为主向以间接干预为主转变，市场机制逐渐成为配置资源的主要方式。再分配权力尽管对个人收益还发挥着重要的作用，但不再是个人收益的唯一决定要素。商品市场和劳动力市场也随经济体制改革而出现。个人参与市场竞争，凭借自己的市场能力从市场获得收益已成为必然。

个人所具有的市场能力，如受教育程度、技术能力等，开始在个人收益中发挥重要作用。由此，个人收益不仅是政治资本作用的结果，也是人力资本作用的结果。

社会保障制度的变革紧随经济体制改革而展开。改革之前的社会保障制度由三个部分构成，国家保障、企业保障和集体经济保障。这一时期，个人的户籍、所依附的单位以及是否具有干部身份等，都决定了个人享有社会保障的程度。改革之后，尤其是20世纪80年代中期的国有企业改革，极大地影响了社会保障制度变革。政府对国有企业放权让利，促使国有企业向自主经营、自负盈亏的市场主体转变。国有企业的改革与私有经济的发展，促生了劳动力市场。经济体制改革导致整个劳动力市场的二元分割，即部分劳动者在公有部门就业和部分劳动者在私有部门就业。为配合经济体制改革，社会保障制度变革为国家—单位保障制与国家—社会保障制共存。在公共部门工作的劳动者所获得的社会保障程度仍旧与其所工作的单位、是否具有干部身份以及所具有的行政级别等密切相关，而在私有部门就业的劳动者则需通过自己与所就业企业共同缴纳社会保险费来获得社会保障。为了推动经济发展，国家制定的分配原则不仅在初次分配时强调效率，在再分配时也会强调效率，这将会导致市场能力强的劳动力在初次分配和再分配时都会有优势。社会保障程度与个人及其就业的企业所缴纳的社会保险费的多寡相关。拥有更多人力资本的劳动者，在劳动力市场上更容易获得高收入，企业为吸引人才，也更愿意为其提供更好的社会保障。

社会保障制度改革与经济体制改革虽然都是在国家主导下渐进式进行，但是社会保障制度无论在改革前还是改革后都是国家在主导分配。国家颁布社会保障法规，制定社会保障政策，为社会各职业群体提供各不相同的社会保障服务。经济体制改革之前，劳动者是否拥有再分配权力及拥有的再分配权力的多寡，决定着劳动者社会保障服务的获得。与初次分配不同，无论改革前后，国家都主导社会保障的再分配。而且，渐进式社会保障制度变革肯定会有路径依赖效应的存在。因此，在改革之后，理论上政治资本对劳动者社会保障获得仍旧具有正向影响力。

在经济部门二元划分与劳动力市场的二元分割背景下，依据市场转型理论相关研究，政治资本和人力资本对当前劳动者初次分配都有正向影响力。因为个人收入是由两部分组成的：初次分配和再分配收入。在市场转型理论的标准模型中，如以再分配收入作为因变量，资本作为自变量，理论上有可能出现如下情况：第一，两种资本对再分配收入有反向作用力，这表明社会保障制度具有缩小不平等的作用；第二，政治资本与人力资本对再分配收入的作用力方向相反，这表明社会保障制度对降低不平等程度具有混合效应，可以比较两种资本对再分配作用力的大小，来分析社会保障制度对不平等程度的影响；第三，两种资本对再分配收入有正向作用力，这表明社会保障制度加剧了社会不平等程度。

（二）研究框架

依据上述研究思路，本研究共有五章，具体研究的框架如下：

第一章，社会保障的差序格局。本章将从中国社会保障制度覆盖对象的历史变迁中，提出社会保障的差序格局概念。然后在泽林尼与科斯泰罗区分的三种市场渗透类型——“再分配经济中的地方市场、社会主义混合经济和资本主义导向经济及其对社会产生的不同后果”的理论框架内，从城乡社会、公私单位、社会阶层三个视角，对人力资本和政治资本在社会保障再分配获得机制中的效用做了理论推导。接下来三章将利用 CGSS（2008）数据对理论推导做实证检验。

第二章，社会保障差序格局之城乡差别。中国经济体制改革最先从农村开始，市场转型论最早探讨的也是农村社会个人收益的获得机制。改革之前，农村社会的社会保障程度低于城市社会，农民的社会保障主要依赖集体经济。随着集体经济逐渐解体，农村社会保障也逐渐纳入国家社会政策之中。本章探析两个问题。第一个问题是，在农村社会，当前农民社会保障服务获得与再分配权力、人力资本之间的关系。第二个问题是，城市社会市场发育程度高于农村社会，拥有城市户籍的个人获得社会保障收益的机制是否与农村社会相同。

第三章，社会保障差序格局之单位差别。为应对经济体制的二元化和劳动力市场的二元分割，社会保障制度面对不同的劳动力市场，采用不同的社会保障制度：在公有部门采用的是国家—单位保障制度，在私有部门采用的是国家—社会保障制度。本章将比较公私部门社会保障收益，并分析再分配权力与人力资本在公私部门中对劳动者社会保障收益作用的差异。

第四章，社会保障差序格局之阶层差别。社会保障的再分配本身具有形塑社会阶层结构的作用。不同的社会保障制度赋予不同公民不同的权利，差异化的公民权利结构决定了公民再分配资源的差异化，从而形塑了社会阶层结构。本章重点在分析市场转型中两种资本在各阶层社会保障再分配获得中的作用，并与两种资本在初次分配中的效用进行比较。

第五章，研究总结与再思考。本章将先对前面的分析做出总结，厘清在现有社会保障制度框架下，人力资本和政治资本对城乡居民、公私单位和各阶层中的社会保障再分配获得机制的作用。在此基础上，本章还将从威权政体在不同历史时期所追求的合法性基础的角度，对社会保障制度形塑的原因做了进一步思考。

第一章　社会保障制度的差序格局

制度总蕴含着特定利益的分配①。因制度嵌套在其所在的制度环境之中②，其对利益的分配必然受到其他制度的制约与影响。社会保障制度作为再分配的主要制度安排，其对利益的分配总是与特定制度背景紧密联系在一起。对中国社会保障制度来说，其对利益的再分配与特定的中国制度环境结合在一起。在中国，影响社会保障制度再分配的制度莫过于户籍制度和单位制度。因此，本章将在理论上分析户籍制度和单位制度与社会保障再分配之间的关系。由于社会保障制度的再分配因其具有劳动力非商品化效应而成为一种社会分层化的体系，本章将在理论上分析社会保障制度再分配与社会阶层之间的关系。首先，本章将从中国社会保障制度覆盖对象的角度，回顾社会保障制度的历史变迁，以帮助我们了解分析制度的背景。

第一节　社会保障制度变革历史：差序格局

马歇尔认为，西方公民权利经过了三个历史发展阶段：从言论自由等基本的公民权利，扩展到政治投票权的政治权利，到20世纪又扩展到提高公民保障水平以修正资本主义的社会权利。但在社会主义中国，人民概念取代了公民概念，而人民和公民在人口范围、权力性质、内容

---

① 詹姆斯·S. 科尔曼：《社会理论的基础》，北京：社会科学文献出版社，1999年。

② Holm, P. "The Dynamics of Instituionalization: Transfermation Processes in Norwegian Fisheries," *Administrative Science Quarterly* 40 (3), 1995, pp. 398-422.

界定以及语用指称等方面均存在差异①。这些差异导致了中国社会各群体享有的权利表现出差序格局状态②。而无论是传统社会还是社会主义社会，差序格局本身就是中国社会稀缺资源分配的方式③，从中国社会保障制度覆盖对象亦可窥见一斑。按照市场经济改革时间，本章将中国社会保障制度的历史变迁划分为两个大的时间阶段——1951—1977 年，1978—2008 年④。

一、第一阶段：1951—1977 年

第一阶段是以 1951 年政务院颁布的《劳动保险条例》为中国社会保障制度初创的标志至 1977 年。在这期间，中国建立起以身份为基础，相互分割的三种社会社会保障体制，即形成国家保障制、企业保障制和乡村集体保障制三个相互封闭、脱节板块组成的社会保障模式⑤。干部身份群体享有不承担缴费义务的、由中央财政支付的全方位的社会保障，工人身份群体享有不承担缴费义务的、由其所在企业支付的社会保障，农民身份群体享有集体合作医疗保障、五保户保障、有限的社会贫困救济（在社会救济方面，因内务部的撤销使灾民救济和社会救济工作

① 冯仕政：《人民政治逻辑与社会冲突治理：两类矛盾学说的历史实践》，《学海》，2014 年第 3 期。

② 郝铁川：《权利实现的差序格局》，《中国社会科学》2002 年第 5 期。

③ 卜长莉：《差序格局的理论诠释及现代内涵》，《社会学研究》2003 年第 1 期；陈占江：《差序格局与中国社会转型》，《社会科学评论》2007 年第 3 期。

④ 虽然社会保障制度在 2008 年之后依然发生了较大制度变迁，如新农保、公有单位保障制度改革等，但由于本文所用数据是 2008 年的横截面数据，为了在理论分析与实证分析上保持一致，因此，对社会保障制度的历史变迁，本研究只截止到 2008 年。另外，社会保障制度在近些年的变化主要是新农村养老保障制度调整与有关机关事业单位的国家—单位保障制度与国家—社会保障制度并轨，新农保是在以往制度框架内做调整，国家—单位保障制度与国家—社会保障制度的并轨也并未改变这些单位的社会保障待遇。而且，本研究的核心在于从再分配角度讨论市场转型理论，因此，2008 年之后的社会保障制度变迁并不影响本研究的效度。

⑤ 郑功成：《从企业保障到社会保障——中国社会保障制度变迁与发展》，北京：中国劳动社会保障出版社，2009 年，第 11 页。

缺乏统一的组织和领导，救济工作基本上处于停止状态）。这一期间，干部群体和工人群体的收入特征是低收入、高福利，其中机关、事业单位人员的社会保障范围和待遇水平略高于企业保障。由于农村生产力水平低、人口众多且国家对农产品实行价格剪刀差政策等，农民群体收入低，保障水平也低。如果依照计划经济时代各阶层所享有的社会福利多寡，各阶层可形成一个差序格局的利益结构，最里面的是机关、事业单位的干部与工作人员，其次是工人，最外围的是农民。这与当时两个阶级、一个阶层的社会阶层结构完全一致。社会保障具有再分配的功能，因此从收入角度来说，三个板块相互分割的社会保障制度实为“两个阶级、一个阶层”社会阶层结构形成的一个主要因素。

社会阶层结构形塑的因素除了收入外，权力也是非常重要的因素，尤其是在计划经济时代。在人民民主专政的政体下，权力属于人民。人民是一个差序格局的概念，中华人民共和国成立之初的人民“差序格局”的核心是中国共产党，无产阶级、农民阶级、小资产阶级、民族资产阶级围绕这个核心形成了一个同心圆。经过社会主义三大改造之后，小资产阶级、民族资产阶级被消灭，成为工人阶级的一部分，整个社会阶级阶层结构成为包括工人、农民和知识分子（干部）的两个阶级、一个阶层的社会结构。人民的差序格局变为以中国共产党为核心，工人阶级和农民阶级围绕这个核心形成的同心圆，使得各阶级阶层掌握的政治权力也呈现为同样的差序格局。

在计划经济时代，资源配置主要依赖于权力，社会保障对利益的分配与调整更是依赖于权力。社会保障权本是公民的一项基本权利，属于公共领域范围，具有公共产品的性质，在各社会都依赖政府供给或扶持。但社会权利在各社会的发展都遵循差距格局的路径，即某一或某些权利总是先被某一或某些阶层与群体拥有，然后再逐渐向其他阶层和群体扩散。改革之前的中国社会是一个高度刚性的社会，刚性社会的最大特征是社会分层各维度之间高度相关，社会保障权紧紧依附在权力上，权力维度与社会保障权维度在分层空间里呈束集状。社会保障差序格局与权力差序格局高度重合，塑造了两个阶级、一个阶层的社会分层结构。

由此可见，改革前中国社会保障的差序格局实是以政治权力为中心向外扩散，这与张江华所述的差序格局模型十分契合①(见注释)。在传统社会里，差序格局的中心是一个卡里斯马型人物，在计划经济时代里差序格局的中心是中国共产党(干部)。在传统社会里，差序格局里有核心和边缘，个体所受中心庇护的程度与其和中心的距离相关。在计划经济时代里，各阶级阶层受中心庇护的程度和该阶级阶层与中心的距离相关，表现为各阶层享有的社会保障程度与该阶层与权力中心的距离相关，中国共产党执政，干部享有的社会保障程度最高，共产党是无产阶级代言人，工人阶级享有略低于干部的社会保障，最外围的是农民阶级，其享有的社会保障程度最低。

二、第二阶段：1978—2008 年

中国社会保障制度发展的第二阶段，以 1978 年为起点，这一阶段是社会保障制度不断变革的阶段，具体又可细分为三阶段：第一阶段从 1978 年至 1992 年，第二阶段从 1993 至 1997 年，第三阶段从 1998 年至 2008 年。

制度的变革总是存在路径依赖。1978 年开始的社会保障制度变革不可避免地受到计划经济时代社会保障差序格局的影响。对此，通过分析社会保障政策的历次调整轨迹可窥见一斑。在第一阶段的社保改革主

---

① 张江华：《卡里斯玛、公共性与对中国社会有关差序格局的再思考》，《社会》2010 年第 5 期。差序格局的本土性在于中国公共领域是从私人领域转化而来的(张江华，2010)。依据差序格局→社会圈子→卡里斯玛→个人组织化→公共性，他提出了一个新的“差序格局”模型，即“如果要给差序格局一个模型的话，应该是一个由众多的社会圈子所构成的模型：以每个个体为中心都存在一个圈子，但圈子有大有小，一些小的圈子可能从属或部分从属于某个大的圈子，这类圈子的分布格局就构成了我们所说的差序格局”，在这个圈子中心有一个卡里斯玛型人物，随着中心的扩张，存在将原本是家庭的社群整合成具有特定目标和功能的社会组织，由此差序格局由私人领域向公共领域转向，差序格局中有核心和边缘，个体受中心庇护的程度与其在差序格局中所处的位置相关。

要是对经济体制改革的回应，最先改革的是企业保障制。为打破“大锅饭”和“铁饭碗”，在用工形式上推行了劳动合同制，与此配合，在1986年建立了劳动合同制工人的养老保险制度。为解决国有企业的冗员及养老保险问题，先后发布了《国营企业职工待业保险暂行规定》(1986)、《国务院关于企业职工养老保险制度改革的决定》(1991)、《国有企业职工待业保险规定》(1993)、《国有企业富余人员安置规定》(1993)等法规文件。1986年至1993年的各项社会保险改革，基本上是集中在国有企业和国有企业职工身上，直接为国企改革进行配套服务。

农村自农村联产承包责任制实行后，农村合作医疗不再发挥效用，农村除了享有五保户保障、对孤寡残幼等贫困人群的社会救济外，在养老、医疗方面不享有政府提供的任何保障。在此期间，机关、事业单位的干部和专业技术人员群体仍享有退休金和公费医疗保障。这一期间，社会保障差序格局没有变化，农民阶层在该差序格局中越发被边缘化，工人阶层的社会保障利益开始变少，处于核心位置的机关和事业单位干部与职工的社会保障利益没有变化，这一时期因经济体制转轨开始出现一些新的阶层与群体，如个体工商户、私营企业主、农民工等，但这一时期颁布的社会保障政策主要涉及国有企业职工，这些阶层与群体游离在社会保障的差序格局之外。

第二阶段的社会保障制度改革主要集中在统账结合制度、企业职工的基本养老制度、工伤保险与生育保险制度，是单位保障与社会保障并行与转轨的时期。这一期间，做出的重要改革措施主要有：发布《关于职工医疗制度改革的试点意见》(1994)，在城市开始推进职工医疗保险制度改革，医疗社会保险开始取代公费医疗与劳保医疗；此后发布了《国务院关于深化企业职工养老保险制度改革的通知》(1995)和《国务院关于建立统一的企业职工基本养老保障制度的决定》(1997)，使新型养老保险制度建设取得了重要进展；1997年发布了《国务院关于在全国建立城市居民最低生活保障制度的通知》和《中共中央、国务院关于卫生改革与发展的决定》等，使弱势群众的保障得到进一步完善。

这一阶段内国家—单位保障制和国家—社会保障制并存，但此消彼长。消的部分仍是工人阶层的单位保障程度下降，涨的部分是工人阶层的社会保障程度在上升，但总体上减少了工人阶层的保障收益。国家对农村保障制发布了《农村五保供养工作条例》(1994)，对农村五保作出规范性的约定，但并没有涉及农村养老保障与医疗保障，农民继续游离在社会保障制度边缘。机关和事业单位的干部和工作人员继续享有由国家提供的保障，尽管1994年发布的医疗保障政策将机关、事业单位也包括在内，但实质上事业单位的医疗改革与事业单位所在地区、事业单位的行政级别相关，自主性很大，在第三阶段社会保障改革部分会具体论述。对于因经济改革而出现的个体工商户、自由职业者等新兴群体的社会保障，在这一时期还没有被社会保障制度囊括进来。社会保障在这一时期的差序格局与前一时期并没有太大差别，最大的差别在于工人阶层的保障程度在这个差序格局中距离中心的位置更远，被国家庇护的程度更低。

在第三阶段，国家发布的社会保障相关文件主要有：《中共中央、国务院关于切实做好国有企业下岗职工基本生活保障和再就业工作的通知》(1998)、《国务院关于进一步深化城镇住房制度改革加快住房建设的通知》(1998)、《国务院关于实行企业基本养老保险省级统筹和行业统筹移交地方管理有关问题的通知》(1998)、《失业保险条例》(1999)、《城市居民最低生活保障条例》(1999)、《关于完善城镇社会保障体系的试点方案》(2000)、《减持国有股筹集社会保障资金管理暂行办法》(2001)、《中华人民共和国安全生产法》(2002)、《中共中央、国务院关于进一步加强农村卫生工作的决定》(2002)、《劳动和社会保障部关于建立失业保险个人缴费记录的通知》(2002)、《中华人民共和国保险法(修正)》(2003)、《劳动和社会保障部关于城镇灵活就业人员参加基本医疗保险的指导意见》(2003)、《工伤保险条例》(2003)、《企业年金基金管理试行办法》(2004)、《国务院关于完善企业职工基本养老保险制度的决定》(2005)、《国务院关于深化农村义务教育经费保障机制改革的通知》(2005)、《劳动和社会保障部、财政部关于适当扩大失业保险基金支出范围试点有关问题的通知》(2006)、《关于印发加强工伤康复试点工作指导意见的通知》(2007)、《国务院关于在全国建立农村最低生活保障制度的通知》(2007)。

这一阶段工人阶层的社会保障基本上社会化，社会保障覆盖范围逐渐扩大，包括养老、医疗、工伤、失业、生育等。在原有国家—单位保障制和国家—社会保障制中没有涵盖的如个体工商户、自由职业者、农民工等群体被覆盖进来。新兴农村社会养老保险制度、新兴农村合作医疗制度、农村最低生活保障制度等的实施提高了农民的社会保障程度。以往机关和事业单位干部和工作人员享有的国家保障制开始逐步向社会化保障制转化，但是改革程度很低。国家1994年就颁布了《关于职工医疗制度改革的试点意见》，但还有不少省市事业单位仍是公费医疗，机关单位更是如此。这一阶段的社会保障差序格局仍旧以权力为核心，但是这个差序格局开始变得丰满起来，工人阶层的社会保障程度较前阶段获得提升，农民开始从游离状态融进这个差序格局，尽管还是处在边缘，因经济改革而出现的新兴阶层与群体开始进入这个差序格局。

因此，改革前后社会保障覆盖对象的差序格局变化正如伦斯基的论断，是权力分配的函数，可简要总结为以权力为核心的伸缩。干部阶层在改革前后都处在社会保障差序格局的中心；工人阶层在改革前后的社会保障程度有一个先远离核心、然后又靠近的过程；农民阶层从改革前游离于差序格局边缘，逐渐融入差序格局，但仍处在差序格局的外围；因经济改革出现的新兴阶层和群体在社会保障变革过程中从差序格局的结构之外，逐渐进入差序格局。

第二节　社会保障制度差距格局的三个视角

社会保障制度在历史变迁过程中积淀下来，在某个时点对社会各群体再分配收益发挥效应。截至2008年，社会保障制度的再分配效应仍然与中国特定的户籍制度和单位制度紧紧联系在一起，仍旧是一个四分五裂①或两个二元化结构（城乡二元与公私二元）②。本研究选择从城乡差异、单位差异以及阶层差异考察中国社会保障制度的差序格局，除上述原因以外，更重要的还与市场发育程度相关。

城乡社会与公私单位之间的市场发育程度不同。虽然市场经济改革最先从农村开始，但是随着改革进程，经济体制改革重心逐渐转向城市社会。随着资源与劳动力都流向城市，城市成为市场交易的主要场所。经过30多年的经济改革之后，城市社会市场发育程度已远远超过农村社会。正是在市场培育的过程中，中国经济结构也一分为二——私有经济和公有经济，单位组织也随之变革为私有单位与公有单位，同时劳动力就业也被规制到两个不同的劳动力市场——体制内劳动力市场与体制外劳动力市场。私有部门依照市场规律来配置资源，而公有部门则依照再分配权力来配置资源。但是作为社会主义国家，公有经济仍是经济结构中的重要组成部分。在市场转型过程中，公有经济的实现方式发生了变化。国有企业以股份制为主的多种形式参与市场经济竞争，其在公有单位中的市场化程度最高。事业单位虽然在产权上是公有制，但其对劳动力需求通过多种方式来实现，劳动力市场规律发挥着越来越重要的作用。因此，事业单位的市场化程度相对较高。党政机关作为国家治理的主体，相对国有企业和事业单位，其市场化程度最低。

依据泽林尼与科斯泰罗区分的三种市场渗透类型——再分配经济中的地方市场、社会主义混合经济和资本主义导向经济及其对社会产生的不同后果③，城乡社会与公私单位不同的市场化程度必然会导致政治资本和人力资本不同的经济回报。社会保障制度的再分配在再分配权力的

---

① 宋士云：《新中国社会保障制度结构与变迁》，北京：中国社会科学出版社，2011年，第73页。

② 刘继同：《国家与社会：社会福利体系结构性变迁规律和制度框架特征》，《社会科学研究》2006年第3期。

③ Szelenyi，I.，Kostello，E. "The Market Trandition Debate：Towards a Synthsis?" *American Journal of Sociology* 101，1996，pp. 1082-1096.

主导下展开，因此，两种资本在不同市场发育程度中不同的经济回报，必然会在社会保障制度的再分配中得到体现。

一、社会保障制度差序格局之城乡差异

社会保障制度嵌套在中国特定的制度环境之中，其再分配效应受制于其他诸多制度，户籍制度是其中最为重要的制度之一。户籍制度将中国社会分割成截然不同的两个社会——城市和农村。城乡的差异不仅体现在地域上，还体现为城乡居民在生活方式、思想观念、资源获取等诸方面的不同。尤其是城乡居民资源获取方式的差异，已成为中国社会不平等的主要来源。城乡二元结构所导致的社会分化体现在两个方面：一是因为户籍制度与城市偏向的经济政策，城乡居民在初次收入的不平等，二是因为社会保障制度的城乡分割，城乡居民在再分配收入上的不平等。李实教授将这种双重的不平等比喻为，一个拥有大房子的人与一个拥有小房子的人，在冬天都享有免费的供暖服务。

（一）户籍制度与社会保障制度

中国户籍制度不仅具有户口登记、迁移以及公民身份证明的作用，而且在计划经济体制下，结合单位制，还有许多其他额外的功能依附于其上，社会保障再分配功能便是其中之一。户籍不同不仅是地域的区别，还体现了不同户籍拥有者具有不同的经济资格①。在计划经济时代，农民只有先通过考试、提干、招工等选拔形式获得城市户籍，然后获得在公有单位工作的机会，最后才能享有单位所提供的社会保障服务。尽管经济体制改革改变了资源配置的方式，改变了个人就业的方式，也促使社会保障制度发生一定变革，但户籍制度却没有相应地发生变革，社会保障的再分配仍然紧紧与其联系在一起。

1. 户籍制度与社会保障制度

---

① 李强：《中国社会变迁 30 年(1978—2008)》，北京：社会科学文献出版社，2008 年，第 127 页。

中国户籍制度的构建始于政府1950年颁布的《特种人口管理暂行办法》和1951年颁布的《城市户口管理暂行条例》，这两个条例主要针对两类人群管理——特种人口和城市常住人口。特种人口主要是指中华人民共和国成立之初的反革命分子或可疑分子。在1956年，首次全国户口工作会议召开，确定了户口管理的三个任务——户口登记、迁移以及公民身份证明。但在1949—1957年，政府还颁布了《中共中央关于粮食统购统销的决议》(1953)、《市镇粮食定量供应暂行办法》(1955)和《关于城乡划分标准的规定》(1955)，这些条例的颁布将户籍的管理与分配开始结合在一起。这一时期户籍制度对公民流动控制较为松散①。

自1958年起，政府开始通过户籍制度严格控制人口流动②。政府在1958年颁布《中华人民共和国户口登记条例》，规定"公民由农村迁往城市，必须持有城市劳动部门的录用证明，学校的录取证明，或者城市户口登记机关的准许迁入证明，向常住地户口登记机关申请办理迁出手续"。依照该条例规定，户口迁移主要决定于国家企事业机关单位或户口主管机关③。而且在1956年社会主义三大改造结束后，中国开始进入计划经济时代，公有产权通过农村的人民公社和城市的单位制在全社会范围建立。计划经济时代实行的全员就业政策，户籍制度对人口迁移的严格控制，以及"文化大革命"对高考制度的中断，使得农业人口向非农业户口迁移的权力归属于国家企事业单位。

1958年至1978年期间，政府基于户籍制度构建了与计划经济体制相适应的社会保障制度。在计划经济体制下，中国确立了以国家为责任主体、城乡各单位共担责任的社会保障制度。这一时期，社会保障制度因"文化大革命"的影响大致可分为两个阶段。第一阶段是1958年至

---

① 申昱夏:《二元社会下的中国户籍制度改革》,《吕梁学院学报》2011年第3期。

② 朱力:《户籍制度对城乡差距的影响及对策探讨》,《重庆科技学院学报(社会科学版)》2008年第4期。

③ 陆益龙:《1949年后的中国户籍制度:结构与变迁》,《北京大学学报(哲学社会科学版)》2002年第2期。

1966 年。在该阶段，政府颁布了《国务院关于工人、职员退休处理的暂行规定实施细则》(1957)和《国务院关于工人、职员退职处理的暂行规定》(1958)，统一了关于退休、退职的规定，形成了按照所有制区分退休制度的格局。政府并在这一阶段改进公费医疗与劳保医疗制度，规定职业病范围和职业病患者处理方法，调整学徒工的社会保险待遇，规定被精减职工的社会保险待遇，以及建立异地支付社会保险的办法。第二阶段是“文化大革命”10 年，这一时期中国社会保险工作遭受多方面的干扰，使得由国家负责与政府主导的社会保险演变为单位保险，责任重心发生转移①。

总体上，这一时期中国社会保障制度形成的二元结构下的城乡分治体系，成为中国社会保障制度体系的基础。单位成为实施社会保障政策的基础，公民被固定在各单位——在城市是机关、企事业单位，在农村是人民公社和生产大队等集体组织，城镇劳动者实行劳动保险，而农民主要依靠土地、家庭以及政经合一的乡村集体组织②。

2. 市场转型与社会保障制度

1978 年以后，中国经济体制改革逐步展开，并且不断地深化。为了配合经济体制改革，政府也开始调整社会保障制度，但社会保障制度变革速度显然滞后于经济体制改革速度。而作为二元社会结构与分割化社会保障的制度基础——户籍制度，却没有作出相应的变动③。

中共十一届三中全会后，经济体制改革最先从农村开始。随着农村家庭联产承包责任制的实行，集体经济开始逐步瓦解。家庭成为农业生产的基本单位，也成为农民获取生活资源的主要来源。计划经济体制下依赖集体经济获得社会保障的途径，随着集体经济的瓦解而中断。如农

① 宋士云等：《新中国社会保障制度结构与变迁》，北京：中国社会科学出版社，2011 年，第 77~85 页。

② 胡晓义：《走向和谐：中国社会保障发展 60 年》，北京：中国劳动社会保障出版社，2009 年，第 12~13 页。

③ 陆益龙：《1949 年后的中国户籍制度：结构与变迁》，《北京大学学报(哲学社会科学版)》2002 年第 2 期

村的合作医疗制度在1980年还在68.8%的村存在，到1986年仅余5.5%①。尽管农村的家庭联产承包责任制瓦解了集体经济，但在1978—1998年，农村社会保障制度并没有变动。只有特殊的人群，如农村五保户、残疾人、军烈属等，才能获得政府基本的生活救助。虽然在1986年六届全国人大四次会议通过的《中华人民共和国国民经济和社会发展第七个五年计划》提出了建立农村社会保险制度的意见，但随后对其的探索只惠及少部分农民。到1989年，全国只有800个乡镇建立了乡本位或村本位的养老保障制度②，参加人数90余万人，只有21.6万农民领取了养老金③，而绝大部分农民仍旧被社会保障制度排除在外。直到1998年以后，政府才开始统筹城乡社会保障制度，在农村建立并逐步完善养老保障、合作医疗、最低生活保障等制度，将经济体制改革后农村出现的新型群体，如农民工、失地农民等，纳入农村社会保障制度体系之内，缩小城乡之间社会保障项目和待遇水平差异④。

20世纪80年代中期以后，经济体制改革开始进入到以城市为重点、以国有企业改革为中心的阶段。国有企业成为自主经营、自负盈亏的市场主体，打破了计划经济体制下的“铁饭碗”。国有企业为能有效参与市场竞争，采取改制、改组、减员增效等方式，导致了大量国有企业工人被“下岗分流”。为配合国有企业改革，社会保障制度将变革重心放在国有企业下岗/失业职工的基本生活和再就业方面。社会保障制度构建了三条保障线——国有企业下岗职工基本生活保障、失业保险和城市居民最低生活保障，以确保国有企业下岗员工的基本生活和确保离退休人员基本养老金的足额发放。至此，计划经济体制下城市居民的社

① 卫兴华：《中国社会保障制度研究》，北京：中国人民大学出版社，1994年，第140页。

② 劳动部课题组：《中国社会保障体系的建立与完善》，北京：中国经济出版社，1994年，第139页。

③ 王以才、张朴：《农村社会养老保险》，北京：中国社会出版社，1996年，第20页。

④ 郑大松：《2011年中国社会保障改革与发展报告》，北京：人民出版社，2011年，第10页。

会保障制度，因国有企业改革导致部分城市居民不能再依附于公有单位获得保障，而被分割为两个不同的社会保障制度，即国家—单位保障制与国家—社会保障制。

市场转型导致经济结构的变化，进而导致了就业结构的变化。传统的公有经济就业人数逐步减少，而在其他经济形式中就业的人数逐步增加。1978 年城镇人口有 78.4% 在公有经济中就业，到 2007 年变为 53.8%，40.2%的城镇人口在其他经济形式中就业①。在公有单位工作的城镇居民的社会保障依赖于国家—单位保障，在其他经济形式中就业者的社会保障依赖于国家—社会保障。

因此，市场转型推动了社会保障制度的变革，计划经济体制下二元分治的社会保障制度进一步分割为三个相互分离的社会保障制度——农村社会保障制度、国家—单位保障和国家—社会保障。三个相互分割的社会保障制度以户籍制度和就业单位为基础，给不同的人群提供差异化的社会保障。

由于户籍制度没有与经济体制改革及社会保障制度变革同步，不同群体差异化的社会保障最显著的表现是，拥有非农户口的群体享有的社会保障程度明显高于农业人口。有统计显示，几十年来，占全国总人口80%的农民享有社会保障支出仅占全部社会保障支出的 20%②，如 2003 年，城市人均社会保障支出是 1516 元，农村人均社会保障支出仅 16.3 元③。因户籍而导致了城乡社会保障的差异化，这已成为诸多研究的共识④。具体来说，城乡社会保障的差异主要表现在社会保障模式、保障管理体

① 数据来源于《中国劳动统计年鉴 2008》，北京：中国统计出版社，第 23 页。

② 朱力：《户籍制度对城乡差距的影响及对策探讨》，《重庆科技学院学报(社会科学版)》2008 年第 4 期。

③ 曾国安、胡晶晶：《论中国城市偏向的社会保障制度与城乡居民收入差距》，《湖北经济学院学报》2008 年第 1 期。

④ 杨礼琼：《从社会保障的视角审视我国户籍制度改革》，《改革与开放》2009 年 3 月刊；张延明、闫越琦：《淡化户籍对社会保障的影响》，《中国社会保障研究》2009 年第 12 期；翁仁木：《我国社会保障制度与户籍制度关系变迁探讨》，《理论界》2010 年第 12 期。

制、保障覆盖面、保障水平等方面①。

计划经济体制下，中国社会的不平等主要体现在城乡居民收入差异上。农村居民收入与福利主要来源于集体经济，城镇居民的收入主要来源于工资与单位福利。当时城镇居民的收入特征是低工资和高福利。市场转型之后，城乡居民收入分化仍旧是中国社会不平等的主要来源。尽管经济体制改革最先在农村的开展曾一度缩小了城乡居民的收入差距，在1981—1983年，城乡收入的基尼系数从0.3964降至0.2318。但随后以城市为重点的市场转型又持续地扩大城乡居民的收入差距②，到2004年中国城乡居民收入的基尼系数达到0.4250③，而且城乡居民的收入差距还会在长时间内随人均GDP的增长而继续保持上升趋势④。在城乡居民收入差异中，因户籍制度的因素，农民在劳动力市场中的权益受损，其收入也受到损害⑤，据蔡继明(1998)和姚先国等人(2004)的研究，户籍制度可以解释20%~30%的城乡居民收入差异⑥。

可见，城市偏向的经济政策⑦结合歧视性的收入分配政策⑧，导致了原本具有缩小城乡收入差距效用的社会保障制度，进一步扩大了城乡

① 王文涛、肖国安：《建立公平的城乡社会保障制度实证分析》，《晋阳学刊》2007年第4期；曾国安、胡晶晶：《论中国城市偏向的社会保障制度与城乡居民收入差距》，《湖北经济学院学报》2008年第1期。

② 数据来源于《中国劳动统计年鉴2008》，北京：中国统计出版社，第23页。

③ 程永宏：《改革以来全国总体基尼系数的演变及城乡分解》，《中国社会科学》2007年第4期。

④ 王小鲁、樊纲：《中国收入差距的走势和影响因素分析》，《经济研究》2005年第10期。

⑤ 张凌云：《中国城乡收入差距制度性成因略论》，《中南民族大学学报(人文社科版)》2006年第3期。

⑥ 蔡继明：《中国城乡比较生产力与相对收入差别》，《经济研究》1998年第1期；姚先国、普赖清：《中国劳资关系的城乡户籍差异》，《经济研究》2004年第7期。

⑦ 陆铭、陈钊：《城市化、城市倾向的经济政策与城乡收入差距》，《经济研究》2004年第6期。

⑧ 黄祖辉、陆建琴、王敏：《城乡收入差距问题研究——基于收入来源视角》，《浙江大学学报》2005年第4期。

居民收入差距。据顾海兵等人(2012)的研究，中国城乡养老保障体系的基尼系数为0.61，城乡医疗保障的基尼系数为0.79，均处于高危状态①。城镇居民2001年获得的转移性支付是农村居民的10.29倍②，2001年城乡居民的收入比为2.90，叠加社会保障转移性支付后，城乡居民的收入比增加到3.44③。

(二)关于社会保障城乡差别的若干研究假设

市场转型过程中，户籍制度保护了劳动力市场中的城镇居民，而排斥农村居民④，进而影响了城乡居民收入差距。而且以户籍制度为基础的社会保障制度变革滞后于市场转型，也导致了农村居民在养老、医疗、最低生活保障等诸多方面的社会保障程度低于城镇居民。这二者的共同作用使得城乡居民收入差距越来越大⑤。

在计划经济体制下，居民社会保障差异主要源于二元城乡结构与单位制。而市场转型虽然改变了初次分配的格局，却并没有改变以往的社会保障分配基本格局。在国家社会主义经济体制中，福利待遇而非工资导致了更大程度的不平等⑥。户籍制度与单位制是差异化再分配的基本原则，拥有城镇户口、在规模较大且效益较好的单位工作、属于工人阶级且行政级别高的居民能获得相对更多的再分配收益。经济体制改革之

---

① 顾海兵、张实桐、张安军：《我国城乡社会保障均匀度的衡量方法与测度评价》，《财贸经济》2012年第11期。

② 陶纪坤：《社会保障制度与城乡收入差距》，《兰州学刊》2008年第12期。

③ 杨翠迎：《中国社会保障制度的城乡差异及统筹改革思路》，《浙江大学学报(人文社科版)》2004年第3期。

④ 蔡昉、都阳、王美艳：《户籍制度与劳动力市场保护》，《经济研究》2001年第12期。

⑤ 张继海：《中国社会保障制度变迁与收入分配差距》，《大连干部学刊》2008年第5期。

⑥ Whyte, M. K. "Inequality and Stratification in China," *China Quarterly* 65, 1975, pp. 684-771; Parish, W. L. "Destratification in China," in *Class and Social Stratification in Post-Revolution China*, edited by Watson, J. New York: Cambridge University Press, 1984, pp. 84-120.

后，按照倪志伟的市场转型理论，政治资本将随市场经济逐渐地扩展而贬值；相反，人力资本的回报将上升。依据倪志伟的这两个命题，市场经济转型之中，随市场的扩张，再分配权力对居民获得社会保障的作用将减弱，而人力资本对居民获得社会保障的作用将会越来越大。考虑到中国市场转型所具有的特征——国家主导下的渐进式的改革、改革前后基本没有变动的户籍制度以及社会保障制度本身应具有的再分配功能，理论上，政治资本和人力资本对城乡居民获得社会保障收益的作用机制，应与这两种资本对城乡居民获得初次收入的作用机制有所不同。

市场转型导致了二元经济结构的出现。在公有制部门，再分配权力的大小与居民获得初次收入的多寡直接相关；在私有制部门，则是人力资本决定了城乡居民获得初次收入的多寡。对社会保障制度来说，尽管社会保障制度从国家—单位保障变革为当前适应不同人群的三种保障制度(见表1-1)，但无论改革前后，不同的保障制度都是由再分配权力在主导。这就意味着政治资本在改革前后，在城乡居民获得再分配收入方面并没有贬值。由此，我们获得关于社会保障城乡差异的第一条研究假设：

表1-1　　**城乡社会的社会保障制度**

保障制度类型	责任主体	就业经济类型	户籍性质
国家—单位保障制度	政府为主，个人为辅	公有经济	非农业人口
国家—社会保障制度	政府、企业和个人分担	私有经济	部分非农业人口与部分农业人口
农村社会保障制度	个人为主、集体经济支持、政府政策支持	农业经济	农业人口

研究假设1：政治资本对城乡居民的社会保障再分配收益均有作用。

当前除国家—单位保障制度外，其余两种保障制度都需要城乡居民自身承担一定的责任。城乡居民承担社会保障责任的能力又与其所具有的人力资本相关，拥有的人力资本越多，则其自身承担社会保障的能力越强。另外，市场转型论及其相关纷争只是简单考虑两种资本对不同经济部门居民初次收入的作用，而忽略了这样一个现实——当前城乡居民如想要进入公有制单位，人力资本也发挥着越来越重要的作用。对政府来说，出于统治效率，选拔优秀干部，对居民人力资本的要求越来越苛刻；对个人来说，进入公有制单位需要经过激烈的竞争才能获得机会。人力资本已成为城乡居民获得政治资本的一个先决条件。因此，第二条关于社会保障城乡差异的研究假设为：

研究假设 2：人力资本对城乡居民获得社会保障再分配收益均具有作用。

政治资本与人力资本对城乡居民获得社会保障再分配收入的作用，必然受到现有户籍制度的约束。农村居民社会保障责任主体主要是个人和集体经济。而集体经济随市场转型基本瓦解，其给予农村居民社会保障的补助越来越少。农村居民更多依赖自身能力来承担自己的社会保障。而且经济体制改革之后，城市的政治权力逐步扩大，而农村政治权力逐步缩小①。因此，农村居民社会保障再分配收入的获取更多取决于农民自身的人力资本，政治资本在其中发挥的作用越来越小。所以，我们有以下第三条假设：

研究假设 3：相比农村居民，政治资本对城市居民的社会保障再分配收益的作用更大。

① 曾国安：《论工业化过程中导致城乡居民收入差距扩大的自然因素与制度因素》，《经济评论》2007 年第 3 期。

市场转型的速率在城乡并不一致。尽管市场转型最先从农村开始，但是城市市场发育程度显然高于农村市场。按市场转型理论的人力资本命题，市场发育程度越高，人力资本回报越高。所以，第四条研究假设为：

研究假设 4：相比农村居民，人力资本对城市居民的社会保障再分配收益的作用更大。

此外，户籍制度还存在"社会空间等级"现象，即在农村、小城市、中等城市、大城市之间存在资源配置和福利待遇的等级性社会差别①，居民户口所在城市行政级别越高，地方政府的税收能力越强，行政能力越强，其拥有的可用于再分配的资源也越多②，那么拥有该城市户口的居民所获得的社会保障程度就越高。所以，关于社会保障城乡差异的第五条研究假设为：

研究假设 5：居民拥有的户籍等级越高，越有利于其社会保障再分配收益获得。

二、社会保障制度差距格局之单位差别

市场转型不仅导致中国经济结构发生变化，从计划经济体制下的单一公有经济转向公有经济与私有经济并存的混合经济结构，同时也引起社会保障制度的变革。因此，在当前，社会保障制度不仅表现出城乡差别，也表现出单位差别。

（一）经济改革与社会保障制度

自 1956 年中国社会主义改造完成之后，中国经济结构主体上表现

① Cheng, T., Selden, M. "The Origins and Social Consequences of China's Hukou System," *The China Quarterly* 139, 1994, pp. 645-668.

② 陆益龙：《户口还起作用吗？——户籍制度与社会分层和流动》，《中国社会科学》2008 年第 1 期。

为单一的公有制经济。政府对所有资源的控制与调配，主要通过单位制来实现。从产权上来说，所有的单位都属全民所有，即公有单位。如果将农村社会中的集体经济体也视为不完全单位①，那么在经济改革之前，社会生活中的每一个人都从属于某一公有单位，个人生活资源的获取完全依赖于公有单位的再分配，因此，个人对公有单位形成制度性依赖②。经济改革之后，原有的再分配制度环境发生了变化。私有经济开始出现并发展，个人从中获得更多市场机会与自由。除公有单位外，个人还能选择在私营单位就业，或自己创业，因而其对单位的制度性依赖逐渐减弱③。但经济改革导致个人机会与自由增加，主要表现在初次分配上。因经济改革程度在区域、行业及单位等层面存在差异，加之社会保障制度变革的滞后性，导致就业于不同经济部门的个人所获的社会保障程度参差不一。

1. 单位制、再分配体制与社会保障

单位制是中国社会独具特色的最基本的制度形式。早在革命时期，因根据地参与革命人员的扩张和经济资源的紧张，共产供给制作为单位的雏形而出现④。后来在东北解放区，为了重组社会秩序，单位制度以根据地经验与苏联模式为基础，开始在东北城市社会管理中得到发展与推进，形成国家—单位—个人的统治体系雏形⑤。为了管理好当时接管的企业，1948 年 3 月 4 日，中共东北局颁布了中国共产党第一部较为完整的社会保险法规——《东北公营企业战时暂行劳动保险条例试行细则》，内容包括总则、关于劳动保险基金之征集与保管方法问题、关于

① 路风：《单位：一种特殊的组织形式》，《中国社会科学》1989 年第 1 期。

② 魏昂德：《共产党社会的新传统主义：中国工业中的工作环境和权力结构》，龚小夏译，香港：牛津大学出版社，1996 年。

③ 李汉林：《变迁中的中国单位制度——回顾中的思考》，《社会》2008 年第 3 期。

④ Cheng, T., Selden, M. "The Origins and Social Consequences of China's Hukou System," *The China Quarterly* 139, 1994, pp. 645-668.

⑤ 田毅鹏：《"典型单位制"的起源和形成》，《吉林大学社会科学学报》2007 年第 4 期。

职工因公负伤残废医疗和抚恤金的规定、关于职工因公死亡丧葬费和抚恤金的规定、关于职工疾病及非因公伤残之医疗和补助救济的规定等。中华人民共和国成立后，为在经济薄弱的基础上快速推进工业化，政府开始建立一个强大的中央集权的管理体制，通过农业经济集体化、城市工业公有化，将每一个社会劳动力全部统一行政分配到各单位①。至此，单位制成为中国社会一切组织的基本形式，也成为整个社会运转的基础②。

单位制形成后，因实施全面就业政策，包括妇女在内的每个适龄劳动力都被纳入各单位之中。又因再分配体制下社会化服务的萎缩消失，单位不得不将社会保障内化，为职工及其家庭提供如养老、医疗、教育、托儿、交通、文体活动等各种福利服务，单位逐渐成为集多种功能于一体的小社会。1951 年 3 月公布的《中华人民共和国劳动保险条例》从就业、医疗、养老等方面，对于国有企业所负有的责任、义务和权利都做了明确的规定，特别阐明了国有企业应承担其职工的生、老、病、死、伤残等全部费用，该条例在法律上成为单位制保障的基础③。个人通过单位来获得社会保障，而单位行政级别的高低、所控制资源的多寡以及规模大小等因素，影响了单位所提供社会保障服务的能力④。因此，个人获得社会保障的差异更多体现在单位层面⑤，如公有单位(党政机关、事业单位与国有企业)的社会保障程度要高于集体所有制企业，而与个人职业、受教育程度等关系不大。

2. 市场转型、单位制变迁与社会保障制度的碎片化

单位制基于中国政治制度和再分配体制而建立后，其超越社会分工

---

① 谭深：《城市“单位保障”的形成及特点》，《社会学研究》1991 年第 5 期。

② 路风：《单位：一种特殊的组织形式》，《中国社会科学》1989 年第 1 期。

③ 张天民：《关于中国“单位保障”形成的研究》，《辽宁师范大学学报(社会科学版)》2005 年第 6 期。

④ Walder, A. G. “Property Rights and Stratification in Socialist Redistributive Economies ,” *American Sociological Review*, vol. 57(4), 1992, pp. 524-539.

⑤ 李路路、王奋宇：《当代中国现代化进程中的社会结构及其变革》，杭州：浙江人民出版社，1992 年。

而具有共同性质①，表现为政治控制与整合、资源的配置、就业等功能②。国家控制单位，依据单位在再分配体制中的位置而将资源有差异地分配给单位，每一适龄劳动力都在公有制单位中就业，单位再将资源分配给单位人，个人只能依赖于单位获得资源。单位依循低工资、高福利原则，为单位人提供生活资源。再分配体制下，社会保障主要体现为国家—单位保障制，国家—单位保障制成为个人获得社会保障唯一的方式。市场转型之后，私有经济逐渐发展壮大。公有制单位虽然仍是个人获得生活资源的主要途径，但不再是唯一途径。市场转型导致二元经济结构，个人就业不再完全由国家计划分配，获得了更多市场机会和自由，如个体经营户和私营企业出现。市场转型导致单位的功能由原先多种功能聚合向功能分化转型。单位原先超越社会分工无差别的功能逐渐转向专一化功能，单位保障逐渐转向社会保障。但是由于市场转型速率在各区域、行业、单位并不一致，社会保障制度在不同区域、行业和单位也表现出不一致与碎片化。社会保障的碎片化主要表现在以下三个方面：

第一，市场转型导致单一的国家—单位保障，变为国家—单位保障与国家—社会保障共存。市场转型之前，个人根据自己的身份获得相应的单位保障，身份的特征主要是个人就业单位、是干部还是工人、是有编制还是没有编制等。市场转型最初在农村和小商品市场展开。虽然个人就业由此而拥有更多机会和自由，但因市场转型之初并没有涉及公有部门，社会保障并未作相应的变革反应，国家—单位保障仍是社会保障的主要形式，从而个人在社会保障上较之前并没有更多选择。直至 20 世纪 80 年代中期之后，政府开始启动国有企业改革。为减轻国有企业负担、建立现代企业制度，国有企业开始减员增

① 张天民：《关于中国“单位保障”形成的研究》，《辽宁师范大学学报(社会科学版)》2005 年第 6 期。

② 路风：《单位：一种特殊的组织形式》，《中国社会科学》1989 年第 1 期；路风：《中国单位制的起源与形成》，《中国社会科学季刊(香港)》1993 年第 5 期；何重达、吕斌：《中国单位制度社会功能的变迁》，《城市问题》2007 年第 11 期。

效，导致大量国有企业工人被“下岗分流”。为配合国有企业改革，社会保障制度将变革重心放在国有企业下岗/失业职工的基本生活和再就业方面。社会保障制度构建了三条保障线——国有企业下岗职工基本生活保障、失业保险和城市居民最低生活保障，以确保国有企业下岗员工的基本生活和确保离退休人员基本养老金的足额发放。至此，再分配体制下的社会保障制度，因国有企业改革导致部分城市居民不能再依附于公有单位获得保障，分割为两个不同的社会保障制度，即国家—单位保障与国家—社会保障。在公有部门工作的劳动力的社会保障依赖于国家—单位保障，在私有经济中就业者的社会保障依赖于国家—社会保障。

第二，不同单位之间采用不同的社会保障制度。市场转型中，不同的经济结构适用于不同的社会保障制度，即公有部门采用国家—单位保障，私有部门则采用国家—社会保障。但市场转型程度在公有部门的不同单位之间也表现出一定的差异，国有企业的改革相对来说最为彻底，而党政机关部门改革最为保守。国有企业由市场转型之前的外部控制变为内部控制①，尤其是大型国有企业因其支配资源的权力增加和所能支配资源的增多，相比其他公有单位，能为职工提供更多的社会保障，如企业年金②。党政机关作为掌控再分配权力的主要部门，其社会保障制度仍旧延续了再分配体制下的国家—单位保障，在党政机关就业的个人享有退休金、公费医疗、住房福利等。事业单位将公费医疗社会化，并开始为单位人购买失业保险，但养老保障仍采用国家—单位保障。因此，不同单位类型对三大社会保险采用不同的社会保障制度（见表1-2）。

① 刘平、王汉生、张笑会：《变动的单位制与体制内的分化——以限制介入性大型国有企业为例》，《社会学研究》2008年第3期。

② 刘平、王汉生、张笑会：《变动的单位制与体制内的分化——以限制介入性大型国有企业为例》，《社会学研究》2008年第3期。

表 1-2　　**单位类型与社会保障制度**

保障类型	公有部门			私有单位
	党政机关	事业单位	国有企业	
养老保障	国家—单位保障	国家—单位保障	国家—社会保障 国家—单位保障	国家—社会保障
医疗保障	国家—社会保障 国家—单位保障	国家—社会保障	国家—社会保障	国家—社会保障
失业保障	无	国家—社会保障	国家—社会保障	国家—社会保障

第三，公共部门中同一单位内不同身份个人适用于不同的社会保障制度。市场转型后，不仅公共部门各单位采用不同的社会保障制度，而且同一单位内因个人不同的身份也适用于不同的社会保障制度。市场转型虽然在产权上能明晰公有与私有，但由于单位制所产生的路径依赖影响，并没有把市场转型之前的个人身份与市场转型之后的个人身份截然分开。如果个人在市场转型之前是干部的身份，或是有编制的事业单位身份，在个人所就业单位转制之后，该身份仍旧被保留下来，而该身份又关联到特定的社会保障制度。市场转型之后，单位新进职员按照转制后的制度安排，被给予与老职员不同的身份，该身份同样关联到特定的社会保障制度，正所谓“老人老办法，新人新办法”。

(二)社会保障制度单位差别的若干研究假设

如上所述，市场转型推动再分配体制下城乡分治的社会保障制度进一步碎片化①：公私部门、公有部门不同单位、同一单位个人间不同身份交错在一起，对个人的社会保障程度发挥作用。

依循市场转型理论，再分配权力对个人收益的影响将会随市场转型进程而减弱，而人力资本恰好与之相反，随着市场转型进程，其对个人

① 施世俊：《社会保障的地域化：中国社会公民权的空间政治转型》，《台湾社会学》2009 年第 18 期。

收益的作用会加强。然而已有诸多研究表明，人力资本作用会增大，但再分配权力的作用却并没有减弱①。为了消解市场转型论的分歧，泽林尼与科斯泰罗依据市场转型程度，区分了三种市场渗透类型——再分配经济中的地方市场、社会主义混合经济和资本主义导向经济，不同市场渗透类型产生不同的社会后果。在再分配经济中的地方市场，再分配权力是不平等的根源，人力资本并没有回报，只有到社会主义混合经济时期，人力资本才有回报，但再分配权力仍是不平等根源②。根据上述观点，中国私有经济部门是市场渗透最深的部门，该部门人力资本的回报最为显著；其次是国有企业单位，再分配权力和人力资本都会对个人收益带来正向影响；党政机关和事业单位并不参与市场竞争，因而再分配权力对就业于其中的职员的收益具有正向作用。

个人收益由两部分构成——初次分配和再次分配，再次分配主要通过社会保障制度展开。计划经济体制下的社会保障主要以再分配权力为基础，因单一的公有制经济，国家承担了全部的社会保障责任。市场转型之后，单一公有制经济变为公私混合的二元经济结构。在公有经济中，国家—单位保障制度仍在延续，国家承担了主要的社会保障责任；在私有经济中，劳动者享有的是国家—社会保障制度。国家—社会保障制度的责任主体有国家、企业与个人。再分配权力存在于公有单位之中，因而：

研究假设6：就业于公有单位相比就业于私有单位，有利于劳动者获得更多社会保障再分配收益。

---

① Bian, Y., Logan, J. "Market Transition and the Persistence of Power: The Changing Stratification System in Urban China," *American Sociological Review* 61, 1996, pp. 739-758; Zhou, X. " Market Transformation and Income Inequality in Urban China: Evidence from Panel Data," *American Journal of Sociology* 105, 2000, pp. 1035-1074; 刘欣：《中国当前阶层分化的多元化动力基础：一种权力衍生论的解释》《中国社会科学》2005年第4期。

② Szelenyi, I., Kostello, E. " The Market Trandition Debate: Towards a Synthsis?" *American Journal of Sociology* 101, 1996, pp. 1082-1096.

市场转型之后，碎片化的社会保障制度随社会主义混合经济建立而出现。在私有经济部门，社会保障制度主要采用国家—社会保障。个人需要凭借自身的市场价值去获得经济收益。其自身市场价值越高，获得的经济收益会越高，其经济收益又是该人承担自身保障能力的反映。另外，企业也会用丰厚的社会保障去吸引具有较高市场价值的劳动力，用以增强企业的市场竞争力。因此，在私有经济中，社会保障程度与再分配权力无关，而与人力资本相关：

研究假设7：相比公有单位，私有单位中人力资本的社会保障再分配回报率更高。

在公有部门，各单位市场转型速率并不一致，单位的市场转型程度越深，人力资本对个人获得社会保障越有利。在公有单位中，国有企业以股份制等多种形式参与市场竞争，因而其市场化程度最高。事业单位虽然在产权上是公有制，但其对劳动力需求通过多种方式来实现，劳动力市场规律发挥着越来越重要的作用。因此，事业单位的市场化程度相对较高。党政机关作为国家治理的主体，相对国有企业和事业单位，其市场化程度最低。因此，我们又有如下研究假设：

研究假设8：公有单位中，国有企业中人力资本的社会保障再分配回报率要高于事业单位，事业单位中人力资本的社会保障再分配回报率又高于党政机关。

由于社会保障制度变革总是在政府的再分配权力主导下渐进展开，因而相比私有部门就业个人，就业于公有部门的个人社会保障程度更高；在公有部门各单位中，因党政机关拥有再分配权力，就业于其中的个人相比就业于公有部门其他单位的个人，能获得更高程度的社会保障，而国有企业因其控制更多国有经济资源，为其职员提供社会保障的能力要强于事业单位。所以，我们有如下研究假设：

研究假设9：公有单位中，政治资本的社会保障再分配回报率在党政机关中最高，其次是国有企业，最低的是事业单位。

三、社会保障制度差序格局之阶层差别

因社会保障的再分配本身具有形塑社会阶层结构的作用①，再分配体制下的社会保障制度与社会主义混合经济体制下的社会保障制度，塑造了不一样的阶层结构。

（一）再分配体制下的社会保障制度与阶层结构

再分配体制下社会保障制度对阶层结构的形塑，非常契合安德森的理论观点。安德森认为，社会政策旨在解决社会分层问题，但它本身也会导致这一问题产生。不同国家所具有的意识形态、阶级政治联盟结构、阶级动员的性质、福利体制制度化的历史传承等导致了各国不同的福利制度，而不同的福利制度又赋予不同公民不同的权利，差异化的公民权利结构决定了公民福利资源的差异化，从而形塑了社会阶层结构。

在再分配体制下，社会主义意识形态赋予工人阶级更多的公民权利。在社会主义改造完成之后，工人阶级包括党员干部、工人、知识分子，农民是工人阶级最主要的政治联盟者。政治分层成为主要的分层标准，政治身份也成为获得社会保障的主要原则②，党员干部、工人、知识分子与农民享有不同的社会保障制度——农村的土地与集体保障和城市的单位保障。

在农村社会中，农民的社会保障主要依靠土地和集体经济。但是经

① ［丹］考斯塔·艾斯平-安德森：《福利资本主义的三个世界》，郑秉文译，北京：法律出版社，2004年，第62页。

② 王韶华：《社会变迁、阶层分化和养老金制度》，《学术园地》2012年第7期。

过社会主义改造之后，农村社会全面实施了公社制。土地的集体化加大了农民社会保障对集体经济的依赖。而这一时期实行的经济政策——农村支援城市、农业支持工业，又削弱了集体经济社会保障的供给能力，因而再分配体制下的农民经济收入是低水平的初次收入与低水平的社会保障再分配收入。由于国家实行偏向城市社会的经济政策，相对农村社会，城市社会以单位制为组织形式，为工人提供了囊括生老病死的全面的单位保障①。即便由于不同单位具有不同的再分配权力，各单位在单位预算级别、单位规模及所在经济部门等因素作用下，为其职工提供的单位保障表现出一定的差异化②，但因为平均分配的原则与再分配体制相联系③，相比其他社会主义国家，中国再分配体制下国有单位职工收入的分配更为平等④。因此，再分配体制下的“两个阶级、一个阶层”的结构实是当时二元社会保障制度所造成的。

（二）市场转型之中的社会保障制度与阶层结构

市场转型导致经济结构由原先的单一公有制变为公私混合的二元经济结构。经济结构的转变引起如下方面的变动：劳动者就业方式、收入分配原则与获得机制、社会保障制度以及阶层结构。

私有经济的发展与壮大催生了自由劳动力市场，引起劳动力就业方

---

① 李汉林、李路路：《资源与交换——中国单位组织中的依赖性结构》，《社会学研究》1999年第4期；李汉林、李路路：《单位组织中的资源获得》，《中国社会科学》1999年第6期；纪乃旺：《当代中国单位制的形成及其特征》，《经济研究导刊》2011年第30期；谭深：《城市“单位保障”的形成及特点》，《社会学研究》1991年第5期；路风：《单位：一种特殊的组织形式》，《中国社会科学》1989年第1期。

② Walder, A. G. “Property Rights and Stratification in Socialist Redistributive Economies,” *American Sociological Review* Vol. 57(4), 1992, pp. 524-539.

③ Roller, E. “Ideological Basis of the Market Economy: Attitudes toward Distribution Principles and the Role of Government in Western and Eastern Germany,” *European Sociological Review* Vol. 10, 1994, pp. 105-117.

④ Parish, W. L. “Egalitarianism in Chinese Society,” *Problem of Communism* Vol. 29, 1981, pp. 37-53.

式的变化。劳动者获得了更多的就业机会与自由，减弱了劳动者对单位的依赖。受公私混合的二元经济结构的影响，在以往城乡分割的基础上，劳动力市场进一步被分割为体制内劳动力市场和体制外劳动力市场①。处于不同的劳动力市场，收入分配方式不一样。体制内劳动力市场，政治资本延续再分配体制下对收入获得的作用；体制外劳动力市场，市场推行“效率优先”的分配原则，因此人力资本决定着收入的分配。而且体制内外劳动市场的差异不仅表现在工资收入方面，也表现在福利保障方面②。为了配合经济体制改革，尤其是国有企业改革，社会保障制度也在以往城乡分治的基础上，进一步分化为国家—单位保障制与国家—社会保障制。体制内劳动力③享有国家—单位保障，体制外劳动力享有国家—社会保障。两种不同的社会保障制度对体制内外劳动力的保障程度存在差异，体制内的劳动力的保障程度更高④。市场转型导致了分层机制从再分配体制下的政治分层向混合经济体制下的经济分层转化，以往社会分化程度较低的阶层结构变为分化程度加剧的更为复杂的阶层结构。

市场转型推动社会保障制度变革，相比再分配体制下社会保障的分化，当前社会保障的差异程度更大⑤。依据陆学艺等人对中国阶层结构的划分，李春玲从户籍和福利待遇项目上比较了十大阶层社会保障的差异，发现，政府和单位提供的福利待遇一方面淡化了收入差异所导致的经济分化，同时在另一方面又强化了收入差距所导致的经济分化。对经

① 赖德胜：《论劳动力市场的制度性分割》，《经济科学》1996 年第 6 期。

② 张丽娟：《转轨阶段劳动力市场的所有制分割与收入分配》，见李路路、边燕杰主编：《制度转型与社会分层——基于 2003 年全国综合社会调查》，北京：中国人民大学出版社，2008 年，第 152 页。

③ 体制内劳动力并不是单纯从就业部门而言，而主要是从就业身份上来说，即具有单位人的身份，如有事业单位的编制、党政机关的公务员或干部身份等。体制外劳动力主要是指按自由市场原则配置的劳动力。

④ 刘精明：《市场化与国家规制——转型期城镇劳动力市场中的收入分配》，《中国社会科学》2006 年第 5 期。

⑤ 李春玲：《断裂与碎片——当代中国社会阶层分化实证分析》，北京：社会科学文献出版社，2005 年，第 149 页。

济收入较高的几个阶层来说，福利分配缩小了其之间因初次收入差异所导致的经济地位差异。比如私营企业主和个体工商户收入较高，私营企业主收入高于国家与社会管理者和经理人员，个体工商户收入高于专业技术人员和办事人员。经过福利分配调节，私营企业主、国家与社会管理者和经理人员之间的经济地位差距并没有收入差异显示的大。同样的情况也发生在专业技术人员、办事人员与个体工商户之间。收入最低阶层——商业服务员、产业工人、农业劳动者和城乡无业失业半失业人员，享有的福利最少①。

（三）社会保障差序格局之阶层差别的若干研究假设

市场转型之后，劳动力市场的体制性分割是由不同劳动力市场导致的。依据不同的劳动力市场类别与阶层等级高低，所有居民都可被归为如下类别：体制内高低有序的阶层等级和体制外高低有序的阶层等级。体制内劳动力市场实行的是国家—单位保障，体制外劳动力市场实行的是国家—社会保障。因此：

研究假设 10：体制内各阶层的社会保障再分配收益要大于体制外相应各阶层的社会保障再分配收益。

市场转型导致社会分层标准从政治分层向经济分层转变，收入分配原则从平均主义向应得原则转变。当阶层等级高低决定于经济收入时，阶层等级的高低就与政治资本和人力资本的多寡相关，即等级越高的阶层所拥有的政治资本或人力资本越多。按照市场转型时期收入分配原则“效率优先、兼顾公平”，人力资本和政治资本不仅决定了各阶层的初次分配，也会影响其再分配收入。

① 参见李春玲：《断裂与碎片——当代中国社会阶层分化实证分析》，北京：社会科学文献出版社，2005 年，第 152~153 页。

研究假设 11：体制内各阶层的社会保障再分配收益与其拥有的政治资本存在正向相关关系.

研究假设 12：体制内外各阶层的社会保障再分配收益与其拥有的人力资本存在正相关关系.

由于体制外劳动力市场实行的是国家—社会保障，劳动力再分配收益不仅与国家承担的责任相关，也与其就业单位和个人市场能力相关。由于体制外的劳动力凭借其拥有的人力资本在市场中获得了一定的讨价还价能力，其人力资本越多，讨价还价能力越强，不仅个人承担自身保障的能力增强，企业也会提供更丰厚的社会保障以吸引其来增强企业的市场竞争力。再分配体制下，再分配权力对收入获得起着决定性作用，而人力资本与收入相关性很弱①。市场转型之后，体制内各单位也会参与到劳动力市场竞争中，为吸引人才而为拥有更多人力资本的劳动力提供更好的社会保障。但是依据研究假设 11 与 12，体制内各阶层社会保障再分配收益还与政治资本相关，而体制外各阶层社会保障再分配收益更多取决于人力资本。因此：

研究假设 13：相比体制内各阶层，人力资本对体制外各阶层的社会保障再分配收益具有更大作用.

市场转型在国家主导下渐进展开，体制内外劳动力市场的收入都受到国家规制。社会保障制度变革虽然也在国家主导下渐进展开，但相比初次收入，社会保障再分配涉及为国民提供基本生活保障、缩小贫富差距以及维持社会稳定等功能，国家对社会保障制度变革的规制力度显然更大。由于国家对社会保障制度变革更大力度的规制以及国家—单位保障制度的路径依赖，在体制内，社会保障再分配中平均主义原则表现得

① Parish, W. L. "Egalitarianism in Chinese Society," *Problem of Communism*, Vol(29), 1981, pp. 37-53.

更为突出：

研究假设14：相比体制外各阶层，体制内各阶层等级之间的社会保障再分配收益分化更小。

第三节　数据来源、变量与分析方法

一、数据来源

本研究采用的数据来源于全国综合社会状况调查2008年的数据，即CGSS(2008)。但CGSS(2008)并没有直接为本研究提供所需数据，需要整理CGSS(2008)中部分数据才能获得。CGSS(2008)中关于社会保障方面的信息包含在调查问卷C部分中关于对抽样样本工作状态的调查。由于问卷想要了解抽样样本工作经历，设计了10个关于工作单位记录的表格，以了解样本工作变动的情况，并设计了5个在一个单位内职位变动记录表格，以了解样本在同一单位职位变动轨迹。关于样本的社会保障信息，包含在工作单位记录表中，但是不同的样本，其具体的工作经历存在差异，有的样本经历了7个工作单位，而有的样本只经历了1个工作单位。每个样本不同的工作单位意味着不同的工作时间，因社会保障制度一直处于变革之中，有可能不同时间点的社会保障制度存在差异。本研究的目的是在同一时点比较居民社会保障制度获得，因此，需要对CGSS(2008)之中的相关信息进行筛选，以获得同一时点关于样本社会保障的数据。筛选的标准是CGSS(2008)问卷中关于样本工作单位经历的记录表中的问题c15w：离开单位的方式。该题选项一共有8项，即没离开、组织调动、自动离职、辞职、单位劝离、单位开除、离/退休、其他(请注明)。研究将工作经历第一个表格中，对该问题回答“没离开”和“离/退休”的样本挑选出来，作为本研究所需样本的一部分。我们对工作经历记录的第二个表格，按照前面的方法，即依据对第二个工作经历记录表中的 c15w 问题的回答，再次挑选出符合研究要求的部分样本。依此类推，直至工作经历记录的最后一个表格，最后将所获得的样本合并在一起，构成本研究的最终样本。

CGSS(2008)总计样本量为 6000，经过上述筛选后，剔除缺失值后获得最终样本数量为 1799。样本的户口状态分布如下：农村户口 616 人次、集镇或自理口粮户口 73 人次、县级市城区人口 244 人次、地级市城区户口 408 人次、省会城市城区户口 266 人次、直辖市城区户口 188 人次。由于军籍和其他类型的户籍状态样本太少，共计只有 4 个样本，本章将其作为缺失值处理，最后实际用于分析的样本数量共计为 1795①。

表 1-3　　**户口等级分布**

a14a. 您目前的户口状况是	Freq.	Percent	Cum.
直辖市城区户口	188	10. 45	10. 45
省会城市城区户口	266	14. 79	25. 24
地级市城区户口	408	22. 68	47. 92
县级市城区户口	244	13. 56	61. 48
集镇或自理口粮户口	73	4. 060	65. 54
农村户口	616	34. 24	99. 78
军籍	1	0. 0600	99. 83
其他	3	0. 170	100
Total	1799	100	100

二、变量

本章所使用的因变量是社会保险的覆盖率。社会保障制度由三部分

① 需要说明的是，本书此处所采用的样本皆为有工作单位的个人，并不包括没有工作单位的灵活就业者，如个体户、打零工的人、务农的人等，后文所采用的样本皆如此。

构成：社会保险、社会福利和社会救助(优抚)。在实践上，社会福利的对象是老年人、妇女儿童、残疾人等弱势群体，实行的是补缺型的有限福利①。社会救助是社会保障制度的最后一道安全网，目的是维持处于困境中的社会成员的基本生活水平。社会保险是社会保障制度中调整劳资利益关系和初次分配格局的主要制度，在社会保障体系中占有主体性地位②，养老保险、医疗保险和失业保险又是社会保障的三大支柱。因此，本研究中的社会保障制度由三大社会保险制度所构成③。没有被三大支柱覆盖的赋值0，按照被保险项目覆盖的多寡依次赋值为1、2、3。

本章所使用的自变量由两部分组成，一部分是对政治资本和人力资本的测量所得，另一部分是控制变量，主要有性别、年龄、年龄平方等。如曾国安所述，城乡社会所拥有的政治权力存在差异，所以户籍作为划分城乡社会的主要标准，也是政治资本的一种表现。除此之外，依照以往市场转型理论及相关纷争的传统测量方式，本章将是否为党员、就业部门、干部身份及行政级别也作为政治资本测量的因素。我们把受教育程度以及技术职称作为对人力资本测量的主要因素。具体的因变量与自变量测量见表1-4。

---

① 李滨生、曾煜、郝帅、王祎：《社会福利发展报告》，见邓大松、刘昌平编著：《2011中国社会保障改革与发展报告》，人民出版社，2012年，第81页。

② 郑功成：《中国社会保障改革与未来发展》，《中国人民大学学报》2010年第5期。

③ 本研究之所以用三大社会保险来指涉社会保障制度，原因有三：第一，社会福利和社会救助(优抚)的对象是社会中的弱势群体，正因他们缺乏资本，不能依赖于自身能力获得基本生活资源，因此，政治资本和人力资本对其再分配收益的作用极其有限；第二，三大社会保险尤其是养老保险，承载了再分配的主要功能，用三大社会保险来指代社会保障制度，能基本反映社会保障制度的再分配效应；第三，基于资料的可获得性，本研究所用数据来源于CGSS(2008)，其只包含了三大社会保险信息。也并非本研究初次采用这种方式，杨伟民关于社会保险对社会分层作用的研究中，采用了同样的处理方式。

表 1-4　**变量赋值**

变量性质	变量名	变量赋值	变量含义
因变量	社会保障获得	没有被社会保险所覆盖=0 被一项社会保险所覆盖=1 被两项社会保险所覆盖=2 被三项社会保险所覆盖=3	如样本享有社会养老保险、医疗保险及失业保险之中任何一项，便赋值 1，享有之中的两项便赋值 2，享有之中的三项便赋值 3，如样本没有获得其中任何一项，便赋值 0
自变量	户籍等级	直辖市城区户口=1 省会城市城区户口=2 地级城市城区户口=3 县级市城区户口=4 集镇或自理口粮户口=5 农村户口=6	根据样本户口在调查时的状况，按照户口所在地行政级别赋值，由于军籍和其他共计只有 4 个样本，分析时作缺失值处理
	户籍性质	农业户口=0 非农户口=1	根据户籍等级，将农村户口重新编码为 0，而其余户口统一处理为 1
	居住地点	城市=1　农村=0	根据调查时抽样规则，在城市中抽取的样本赋值为 1，在农村中抽取的样本赋值为 0
	就业部门	公有部门=1 私有部门=0	依据产权性质，样本如在机关、事业单位及国有企业工作，将其归为在公有部门工作，其余样本则归在私有部门工作
	就业单位	党政机关=1　国有企业=2 事业单位=3　私营部门=4	依据样本所在工作组织所具有的再分配权力大小，样本获得大小不一的值
	政治面貌	党员=1　非党员=0	如果样本是党员，则赋值 1，其余如共青团员、民主党派、无党派皆赋值 0

续表

变量性质	变量名	变量赋值	变量含义
自变量	职务	管理人员＝1 一般工作人员＝0	如果样本在公有部门工作，且有一定行政职务，则界定为干部，其余界定为一般工作人员
	受教育程度	小学及以下＝1 初中＝2 中等教育＝3 高等教育＝4	中等教育包括普通高中、职业高中、技校及中专，高等教育包括大专及以上教育(包含成人高等教育)
	受教育年限	定距变量	具体数值是从小学算起，样本总共获得的正规学校教育年限
	技术职称	高级职称＝1 中级职称＝2 初级职称＝3 无职称＝4	样本拥有的依据国家劳动部门评定的职业技术等级证书
	性别	男＝1　女＝0	
	年龄	定距变量	由调查进行年度 2008 减去样本的出生年份获得
	年龄平方	定距变量	

表 1-5　　**变量描述**

变量		频数	比例	累计比例
享有的社会保险	无任何社保	522	29.78%	29.78%
	一项社保	146	8.33	38.11%
	两项社保	496	28.29%	66.40%
	三项社保	589	33.6%	100.00%
就业部门	公有部门	933	46.78%	46.78%
	私有部门	820	53.22%	100.00%
就业单位	私营企业	843	48.09%	48.09%
	事业单位	317	18.08%	66.17%
	国有企业	507	28.92%	95.09%
	党政机关	86	4.91%	100.00%

续表

变量		频数	比例	累计比例
政治面貌	党员	310	17.68%	17.68%
	非党员	1443	82.32%	100.00%
职务	一般工作人员	1228	70.05%	70.05%
	干部	525	29.95%	100.00%
受教育程度	小学及以下	166	9.47%	9.47%
	初中	440	25.10%	34.57%
	中等教育	611	34.85%	69.42%
	高等教育	536	30.58%	100.00%
性别	男	1063	60.64%	60.64%
	女	690	39.36%	100.00%
	均值	标准差	最小值	最大值
受教育年限	11.40	3.373	1	24
年龄	36.57	11.10	18	80
年龄平方	1460	897.8	324	6400

三、分析方法

本研究主要采用了两种回归分析方法。养老保险、医疗保险和失业保险三个变量做二分虚拟变量处理，三大社会保险之和是有序多分类变量。因此，根据因变量属性，本研究采用了二项逻辑斯蒂回归分析和定序逻辑斯蒂回归分析。

(一)二项逻辑斯蒂回归方程

二项逻辑斯蒂回归是用一组自变量来预测个体将属于二分因变量的某个类别的对数比率(log odds)，其公式可表述为：

$$\ln\left(\frac{F_{1|X_{1\cdots k}}}{F_{2|X_{1\cdots k}}}\right) = a + \sum_{k=1}^{k} b_k X_k$$

X_k 表示 k 个自变量，a 和 b_k 是系数，因变量是在给定自变量取值的情况下属于因变量类别 1 而不是 2 的期望比率的自然对数。二分因变量的期望条件频数分布的对数比率等于属于每个类别的期望频数之比的对数，即：

$$\ln\left(\frac{\frac{F_{1|X_{1\cdots k}}}{N}}{\frac{F_{2|X_{1\cdots k}}}{N}}\right)=\ln((p=1)/(p=2))=\ln((p=1)/(1-(p=1))$$

如果控制所有其他变量不变后，自变量变动一个单位将会导致属于因变量类别 1 而非类别 2 的相对比率增加或减少 e^b 个单位，现将第一个公式两边去指数，可以得到：

$$F_{1|X_{1\cdots k}}/F_{2|X_{1\cdots k}}=e^{a+\sum_{k=1}^{k}b_kX_k}=e^a\prod_{k=1}^{k}e^{b_kX_k}$$

(二)定序逻辑斯蒂回归方程

对于定序层次的因变量，我们通常可以利用其响应类别是有序的这一属性，采用定序逻辑斯蒂(ordinal logistic)回归方程来预测因变量各响应类别的概率。定序 logit 模型是二项 logit 模型扩展至定序结果的情况，在形式上可以看作是建立在累积 logit 基础之上。关于定序 logit 模型的累积概率可以写为：

$$C_{i,j}=\Pr(Y_i\leqslant j\mid X_i)=\frac{\exp(\alpha_j+X_i'\beta)}{1+\exp(\alpha_j+X_i'\beta)}$$

该模型在逻辑斯蒂尺度上也是线性的。令 $l_j(X_i)$ 表示 $Y\leqslant j$ 相对于 $Y>j$ 的累计 logit，那么：

$$l_j(X_i)=\log\left[\frac{\Pr(Y_i\leqslant j\mid X_i)}{\Pr(Y_i>j\mid X_i)}\right]=\alpha_j+X_i'\beta$$

该模型即为比率数模型。若给定两个协变量向量 X_{i1} 和 X_{i2}，那么，响应类别 $Y_i\leqslant j$ 相对于 $Y_i>j$ 的比数在 $X_i=X_1$ 和 $X_i=X_2$ 两种情形之间就会成比例地更高或更低。以 $\omega(X_h)(h=1,2)$ 表示与协变量取值相关联的累积比数，可得到以下累积比数比：

$$\frac{\omega(X_1)}{\omega(X_2)}=\frac{\Pr(Y\leqslant j\mid X_1)/\Pr(Y>j\mid X_1)}{\Pr(Y\leqslant j\mid X_2)/\Pr(Y>j\mid X_2)}$$

$$=\frac{\exp(X_1'\beta)}{\exp(X_2'\beta)}=\exp\{(X_1-X_2)'\beta\}$$

它与解释变量取值之间的距离成比例，回归系数向量 β 不受 j 的调节。那么，累积比数比的对数或累积 LOR 为：

$$\log\left[\frac{\omega(X_1)}{\omega(X_2)}\right]=l_j(X_1)-l_j(X_2)=(X_1-X_2)'\beta$$

该公式也不随 j 的不同而变化。

在前面针对某一给定协变量 X_k 的参数求解方法中，当 $\beta_k>0$ 时，累积 logit 会随着 X_k 的增加而增加，即当 $\beta_k>0$ 时，X_k 的取值越大，Y 的取值也越大；类似，当 $\beta_k<0$ 时，X_k 的取值越大，Y 的取值则越小。

第二章　社会保障差序格局之城乡差别

如前所述，城乡二元结构所导致的社会分化体现在两个方面：一是因为户籍制度与城市偏向的经济政策，城乡居民在初次收入上的不平等；二是因为社会保障制度的城乡分割，城乡居民在再分配收入上的不平等。关于户籍制度对城乡居民初次收入上的影响，经济学家已有诸多讨论。① 由于社会保障制度是再分配的主要形式，不少研究通过分析社会保障制度的城乡差异来关注城乡居民在再分配上的不平等。这些研究认为户籍制度与城乡社会保障制度的差异化直接相关。② 具体来说，城乡社会保障制度的差异主要表现在"社会保障模式、保障管理体制、保障覆盖面、保障水平 "等方面。③ 制度层面的差异直接导致了城乡居民社会保障程度差异，如城乡社会保障支出差距、④ 城乡人均转移支付差距、⑤ 高危

① 王小鲁、樊纲：《中国收入差距的走势和影响因素分析》，《经济研究》2005 年第 10 期；姚先国、普赖清：《中国劳资关系的城乡户籍差异》，《经济研究》2004 年第 7 期。

② 杨礼琼：《从社会保障的视角审视我国户籍制度改革》，《改革与开放》2009 年 3 月刊；张延明、闫越琦：《淡化户籍对社会保障的影响》，《中国社会保障研究》2009 年第 12 期；

③ 曾国安、胡晶晶：《论中国城市偏向的社会保障制度与城乡居民收入差距》，《湖北经济学院学报》2008 年第 1 期；王文涛、肖国安：《建立公平的城乡社会保障制度实证分析》，《晋阳学刊》2007 年第 4 期；

④ 朱力：《户籍制度对城乡差距的影响及对策探讨》，《重庆科技学院学报（社会科学版）》2008 年第 4 期。

⑤ 曾国安、胡晶晶：《论中国城市偏向的社会保障制度与城乡居民收入差距》，《湖北经济学院学报》2008 年第 1 期。

的城乡居民社会保障基尼系数①等。但再分配收益差距不仅表现为城乡差异，还表现为单位差异、② 行业差异③以及阶层差异④等。而且再分配的城乡差异只是总体上的描述，再分配在城镇居民或农村居民内部也存在差异。因此，制度层面的差异虽然在总体上能说明城乡居民再分配收益的差别，但是却难以解释城乡居民内部再分配收益所存在的差别。

因此，本章将分析城乡居民社会保障再分配收益差异，并探析城乡居民社会保障再分配获得机制上的差异，以期通过对前文的相关研究假设进行检验，来讨论市场转型理论在再分配机制上的城乡差异。

第一节　社会保障城乡差别的描述分析

在进入假设检验之前，我们对社会保障城乡差别做了描述性统计分析，以了解社会保障在城乡之间的分化差异，为进一步分析做基础。

一、户籍性质与社会保障

从表 2-1 可以发现，农业人口享有的社会保障程度远低于非农业人口。样本中农业人口有近一半比例的农民没有享受任何社会保险(49.19%)，只有 14.01%享有三大社会保险；而非农业人口有 43.48%的比例享有三大社会保险，如果累加享有两项社会保险和享有三大社会保险的人口比例，非农人口中有 73.49%的人至少被两项社会保险所

① 顾海兵、张实桐、张安军：《我国城乡社会保障均匀度的衡量方法与测度评价》，《财贸经济》2012 年第 11 期。

② 杨伟民：《当前中国社会保险在社会分层中的作用》，《社会学研究》2005 年第 5 期。

③ 谭兵：《就业的行业分层与社会政策的影响》，《中山大学学报(社会科学版)》2011 年第 1 期。

④ 李春玲：《断裂与碎片——当代中国社会阶层分化实证分析》，北京：社会科学文献出版社，2005 年，第 149 页。

覆盖，而农业人口仅有 39. 09%的人至少被两项社会保险所覆盖。可见，个人是否能被三大社会保险覆盖与其户口的性质相关，且具有统计显著性。

表 2-1　**户籍性质与社会保险**

户口性质	享有社会保险情况(%)				
	无	有一项	有两项	有三项	总计
农业人口	49. 19	11. 73	25. 08	14. 01	100
非农业人口	19. 78	6. 730	30. 01	43. 48	100
总计	29. 88	8. 450	28. 32	33. 35	100
Pearson　chi2(3)= 236. 9　Pr=0. 000					

不仅个人的户口性质与其享有的社会保险相关，而且户口所在地的行政级别也影响着个人享有社会保险的多寡，且具有统计显著性。依据户口所在地的行政级别，我们把居民的户口状况进一步细分，从高到低依次为直辖市城区户口、省会城市城区户口、地级市城区户口、县级市城区户口、集镇或自理口粮户口和农业户口。从表 2-2 可以发现，户口所在地行政级别越高，拥有该地户口居民享有社会保险比例越高。在直辖市城区户口的样本中，有 65. 78%的个人被三大社会保险所覆盖，有 85. 03%的个人至少享有两项社会保险；在省会城市城区户口中，有 47. 55%的个人被三大保险所覆盖，有 80%的个人至少享有两项社会保险；在地级市城区户口样本中，有 40. 64%的个人被三大社会保险所覆盖，有 71. 43%的个人至少享有两项社会保险；在县级市城区户口中，有 30. 58%的个人被三大社会保险所覆盖，有 64. 46%的个人至少享有两项社会保险；在集镇或自理口粮户口样本中，有 30. 14%的个人被三大社会保险所覆盖，有 61. 65%的个人至少享有两项社会保险；而在农村户口样本中，仅有 14. 01% 的个人被三大社会保险所覆盖，有 39. 09%的个人至少享有两项社会保险。县级市城区户口样本与集镇或自理口粮户口样本，享有三大社会保险和享有至少两项社会保险的比例

较为接近，可能是因为当前社会保障是以县级为单位实行统筹。

表 2-2　　**户籍等级与社会保险**

您目前的户口状况是	享有社会保险情况(%)				
	无	有一项	有两项	有三项	总计
直辖市城区户口	14.44	0.530	19.25	65.78	100
省会城市城区户口	13.96	6.040	32.45	47.55	100
地级市城区户口	18.97	9.610	30.79	40.64	100
县级市城区户口	27.69	7.850	33.88	30.58	100
集镇或自理口粮户口	32.88	5.480	31.51	30.14	100
农村户口	49.19	11.73	25.08	14.01	100
总计	29.88	8.450	28.32	33.35	100
Pearson　chi2(15) = 320.0　Pr = 0.000					

二、政治资本与城乡社会保障

户籍性质、所在单位性质与个人享有的社会保险相关。无论是在农业户口群体中，还是在非农业群体中，在不同产权制度中就业会影响个人社会保险的获得，且具有统计显著性(见表 2-3)。尽管在两种户籍性质的群体中，私有部门中就业的个人不被任何社会保险所覆盖的概率要高于公有部门中就业的个人，但是，相比农业户口群体，非农业户口群体中产权制度对个人获得社会保险的影响力要更大一些。

表 2-3　　**户籍等级、公私单位与社会保险**

农业户口 享有的社会保险	产权制度占比(%)		
	私有部门	公有部门	总计
无任何社保	55.07	35.56	49.16

续表

农业户口 享有的社会保险	产权制度占比(%)		
	私有部门	公有部门	总计
有一项社保	7.730	20	11.45
有两项社保	22.71	31.11	25.25
有三项社保	14.49	13.33	14.14
总计	100	100	100
Pearson　chi2(3)= 29.85　Pr=0.000			

非农业户口 享有的社会保险	产权制度占比(%)		
	私有部门	公有部门	总计
无任何社保	39.90	9.030	19.84
有一项社保	5.170	7.570	6.730
有两项社保	25.37	32.27	29.85
有三项社保	29.56	51.13	43.57
总计	100	100	100
Pearson　chi2(3)= 161.3　Pr=0.000			

我们分步计算了农业户口与非农业户口群体中，在私有部门工作的样本与在公有部门工作的样本中享有社会保险各取值的 OR (odds ratio)值。农业户口群体中，在私有部门工作的个人，其无任何社会保险的机会是在公有部门工作的个人的 2.221 倍 $\left(OR=\frac{55.07\%}{1-55.07\%}\Big/\frac{35.56\%}{1-35.56\%}\right)$，其享有三项社会保险的机会是在公有部门工作的个人的 1.102 倍，在公有部门就业既会降低个人不被任何社会保险所覆盖的概率，同时也会降低个人获得三大保险的概率。非农业户口群体中，在私有部门工作的个人无任何社会保险的机会是在公有部门工作的 1.637 倍，享有三项社会保险的机会是在公有部门工作个人的 0.401 倍(见表 2-3)。显然，非农业户口群体中，在公有部门中就业既

会减少个人不被任何社会保险所覆盖的机会，又能增加其获得三大社会保险的机会。

就业单位对个人享有社会保险的影响，在农业户口与非农业户口群体中都具有统计显著性(见表2-4)。但就业单位与个人享有社会保险的关系，在农业户口与非农业户口两个群体中存在差异。通过比较两个群体中在不同单位就业个人获得社会保险的差异，我们发现，农业户口群体中，在私营企业中就业，会增加个人不被任何社会保险所覆盖的机会，但相比在事业单位就业的个人，其也会有更多机会获得一项或三项社会保险。而在国有企业中就业，相比在其他单位就业，会减少个人不被任何社会保险所覆盖的机会，同时增加个人享有一项/两项/三项社会保险的机会。在非农业户口群体中，在私营企业中就业，相比在其他单位就业，会增加个人不被任何社会保险所覆盖的机会，同时减少其获得一项/两项/三项社会保险的机会。

农业户口群体中，在私营企业中就业的个人，不被任何社会保险所覆盖的机会是在国有企业就业个人的2.52倍(OR值)，享有一项社会保险的机会是在事业单位就业个人的1.108倍，是在国有企业就业个人的0.439倍；享有两项社会保险的机会是在事业单位就业个人的0.837倍，是在国有企业就业个人的0.665倍；享有三项社会保险的机会是在事业单位就业个人的1.256倍，是在国有企业就业个人的0.674倍。在非农业户口群体中，在私营企业中就业的个人，不被任何社会保险所覆盖的机会是在事业单位就业个人的10.186倍，在国有企业就业个人的5.523倍，在党政机关就业个人的7.649倍；享有一项社会保险的机会是在事业单位就业个人的1.108倍，是在国有企业就业个人的0.439倍；享有两项社会保险的机会是在事业单位就业个人的0.837倍，是在国有企业就业个人的0.665倍；享有三项社会保险的机会是在事业单位就业个人的0.446倍，是在国有企业就业个人的0.368倍，是在党政机关就业个人的0.452倍。

表 2-4　　**户籍性质、单位类型与社会保险**

农业户口 享有的社会保险	就业单位占比(%)				
	私营企业	事业单位	国有企业	党政机关	总计
无任何社保	54.93	53.85	32.61	0	49.16
有一项社保	8.450	7.690	17.39	50	11.45
有两项社保	22.54	26.92	30.43	50	25.25
有三项社保	14.08	11.54	19.57	0	14.14
总计	100	100	100	100	100
	Pearson　chi2(9) = 71.68　Pr = 0.000				

非农业户口 享有的社会保险	就业单位占比(%)				
	私营企业	事业单位	国有企业	党政机关	总计
无任何社保	39.57	6.040	10.60	8.060	19.84
有一项社保	5.280	8.300	6.510	11.29	6.730
有两项社保	25.42	36.98	29.40	32.26	29.85
有三项社保	29.74	48.68	53.49	48.39	43.57
总计	100	100	100	100	100
	Pearson　chi2(9) = 170.6　Pr = 0.000				

农业户口群体中，党员身份有助于个人减少不被任何社会保险所覆盖的机会，增加享有一项/两项社会保险的机会，同时也减少了个人享有三大社会保险的机会，党员与非党员享有三大社会保险的比率比是0.2145。而在非农业户口群体中，党员身份不仅有助于减少个人不被任何社会保险所覆盖的机会，同时也增加了个人享有一项/两项/三项社会保险的机会。非农业户口群体中，非党员不被任何社会保险所覆盖的机会是党员的2.712倍，享有三大社会保险的机会是党员的0.7613倍(见表2-5)。

表 2-5 **户籍性质与政治面貌**

农业户口 享有的社会保险	政治面貌占比(%)		
	非党员	党员	总计
无任何社保	49.63	44.44	49.16
有一项社保	10.37	22.22	11.45
有两项社保	24.81	29.63	25.25
有三项社保	15.19	3.700	14.14
总计	100	100	100
Pearson	chi2(3) = 11.32	Pr = 0.010	

非农业户口 享有的社会保险	政治面貌占比(%)		
	非党员	党员	总计
无任何社保	22.70	9.770	19.84
有一项社保	6.310	8.200	6.73
有两项社保	28.90	33.20	29.85
有三项社保	42.08	48.83	43.57
总计	100	100	100
Pearson	chi2(3) = 21.20	Pr = 0.000	

在农业户口与非农业户口两个群体中，干部相比一般工作人员，不被任何社会保险所覆盖的机会要少，而享有更多社会保险的机会要多，且都具有统计显著性(见表 2-6)。但农业户口群体相比非农业户口群体，其干部身份对个人获得更多社会保险的作用更大一些。在农业户口群体中，干部比一般工作人员，没有任何社会保险的百分比低 24.17%，享有一项社会保险的百分比高 3.59%，享有两项社会保险的百分比高 18.31%，享有三项社会保险的百分比高 2.19%；在非农业户口群体中，干部相比一般工作人员，不被任何社会保险所覆盖的百分比低 10.01%，享有一项社会保险的百分比高 0.82%，享有两项社会保险的百分比高 1.11%，享有三项社会保险的百分比高 8.08%。

表 2-6　　**户籍性质与职务**

农业户口 享有的社会保险	职务占比(%)		
	一般工作人员	干部	总计
无任何社保	54. 27	30. 16	49. 16
有一项社保	10. 68	14. 29	11. 45
有两项社保	21. 37	39. 68	25. 25
有三项社保	13. 68	15. 87	14. 14
总计	100	100	100
Pearson	chi2(3)= 26. 3945	Pr=0. 000	
非农业户口 享有的社会保险	**职务占比(%)**		
	一般工作人员	干部	总计
无任何社保	23. 29	13. 28	19. 84
有一项社保	6. 450	7. 270	6. 730
有两项社保	29. 47	30. 58	29. 85
有三项社保	40. 79	48. 87	43. 57
总计	100	100	100
Pearson	chi2(3)= 17. 4923	Pr=0. 001	

三、人力资本与城乡社会保障

受教育程度对个人享有社会保险多寡的影响，在农业户口和非农业户口两个群体中均有统计显著性，且都表现为，受教育程度高有助于个人获得更多社会保险。个人受教育程度越高，则其不被任何社会保险所覆盖以及享有一项社会保险的机会越少，而享有两项和三项社会保险的机会越多(见表 2-7)。但稍有不同的是，在农业户口群体中，中等教育程度最有助于个人获得三大社会保险，要比高等教育程度高出 6. 38%，两者的比率是 1. 472，而在非农业户口群体中，两者的比率是 0. 6901。

表 2-7 **受教育程度与城乡社会保险**

农业户口 享有的社会保险	受教育程度占比(%)				
	小学及以下	初中	中等教育	高等教育	总计
无任何社保	64.81	56.03	40.40	21.43	49.16
有一项社保	11.11	15.52	9.090	3.570	11.45
有两项社保	18.52	19.83	26.26	57.14	25.25
有三项社保	5.560	8.620	24.24	17.86	14.14
总计	100	100	100	100	100
	Pearson chi2(9)= 79.56 Pr=0.000				

非农业户口 享有的社会保险	受教育程度占比(%)				
	小学及以下	初中	中等教育	高等教育	总计
无任何社保	46.55	31.25	21.79	10	19.84
有一项社保	10.34	11.54	4.600	6.040	6.730
有两项社保	15.52	27.40	30.75	31.87	29.85
有三项社保	27.59	29.81	42.86	52.08	43.57
总计	100	100	100	100	100
	Pearson chi2(9)= 95.76 Pr=0.000				

无技术职称比例，农业户口群体(85%)高出非农业户口群体(65%)20个百分点；初级职称比例，农业户口群体(8.1%)低于非农业户口群体(13.1%)5个百分点；中级职称比例，农业户口群体(5.1%)低于非农业户口群体(17%)11.9个百分点；高级职称比例，农业户口群体(1.75%)低于非农业户口群体(5.3%)3.55个百分点。由于农业户口群体中，具有高级职称的人过少，只有10个样本，因此列联表中的单元格出现了观察值为0的情况。但在农业户口和非农业户口两个群体中，技术职称都具有减少不被任何社会保险所覆盖的机会的作用。在农业户口群体中，初级职称最有助于个人获得三大社会保险，中级职称最有助于个人获得两项社会保险；而在非农业户口群体中，中级职称最有助于个人获得两项社会保险，高级职称最有助于个人获得三大社会保险

(见表 2-8)。

表 2-8　　专业技术等级与城乡社会保险

农业户口 享有的社会保险	技术职称占比(%)				
	高级	中级	初级	无	总计
无任何社保	40	13.33	33.33	52.96	9.16
有一项社保	0	13.33	16.67	11.07	45
有两项社保	40	60	29.17	22.53	25.
有三项社保	20	13.33	20.83	13.44	14.1
总计	100	100	100	100	100
Pearson　chi2(9) = 33.32　Pr = 0.000					

非农业户口 享有的社会保险	技术职称占比(%)				
	高级	中级	初级	无	总计
无任何社保	4.920	5.580	13.16	26.17	19.84
有一项社保	14.75	6.600	1.970	7.080	6.730
有两项社保	22.95	33.50	31.58	29.11	29.85
有三项社保	57.38	54.31	53.29	37.65	43.57
总计	100	100	100	100	100
Pearson　chi2(9) = 75.99　Pr = 0.000					

第二节　社会保障城乡差别的回归分析

定序逻辑斯蒂回归模型中的因变量是“享有社会保险”，自变量从户籍等级到性别一共 10 个，其中受教育年限、年龄和年龄平方等为定距及以上层次变量，其余皆为定序或定类变量。在剔除变量缺失值之后，共有 1753 个样本进入回归分析。本节对社会保障城乡差别进行了两次定序逻辑斯蒂回归分析，第一次逻辑斯蒂回归主要分析户籍制度对居民社会保险获得的影响，第二次逻辑斯蒂回归分析将模型中的核心协

变量作虚拟变量处 以进一步了解两种资本在城乡居民获得社会保障上的差异。

一、户 质与社会保障的城乡差别

(一 型的拟合优度评估

享有的社会保险”作为因变量，其余变量作为解释变量，放入定序逻辑斯蒂回归方程后，我们得到回归统计结果。

结果表明，从整体上看，回归方程对数据拟合较好。在迭代开始时，对数似然值是 -2263.8403，最终迭代后，对数似然值是 -1994.0202。因此，$X^2=-2[-2263.8403-(-1994.0202)]=539.64$。这个卡方值在对应 10 个自由度时的概率是 0.000(Prob>chi2 = 0.000)。结果表明，回归方程中所纳入的解释变量对因变量有显著影响。伪 R^2 (pseudo R^2)被定义为 $1-L_1/L_0$，这个值范围固定在 0 至 1 之间。当值为 0 时对应所有的斜率系数均为 0，值为 1 时对应于理想预测。在多类别 probit 或 logit 类型的模型中较有价值。① 本模型的伪 R^2 值为 0.1194。

定序 logit 回归有个重要假定条件—比率数(平行线)假设，即假设一个自变量对比数的作用在对应的分割间是不变的。通常当解释变量很多，样本量很大或是在连续的解释变量被纳入模型中时，测试所得到的 p 值都非常小。因此，仅基于积分检验而得出拒绝比率数假设的结论要谨慎，问题的关键是找出那些对拒绝总体检验起作用的变量。② 对 Ologit 回归后的模型进行 Brant Wald 检验，我们发现，Ologit 模型的比率假设没有获得通过，卡方值为 92.12，$p=0.000$。具体来说，变量“户籍等级”“受教育年限”和“技术职称”等没有通过比率数假设检验，

① [英]瓦尼·布鲁雅：《logit 与 probit：次序模型和多类别模型》，张卓妮译，见吴晓刚主编，[美]乔治·H. 邓特曼等著：《广义线性模型》，上海：格致出版社，2011 年，第 311 页。

② [美]安·A. 奥康纳尔：《定序因变量的 Logistic 回归模型》，赵亮员译，上海：格致出版社，2012 年，第 48~49 页。

卡方值分别为 16.70、15.30、7.84，其中受教育年限是连续变量。这表明，“户籍等级”“受教育年限”和“技术职称”这三个变量的作用在数据的三个分割间统计上差异显著。虽然我们也可以用多分类模型，但因为多分类模型忽视了因变量的定序属性，因而也忽略了数据的一个重要特性，所以该方法对研究目的来说不是最优的。① 我们还可以在比率数假设被拒绝时，采用一般化秩序模型（genertalized ordered logit model）。但一般化秩序模型替代定序模型来估计，不仅带来模型的复杂性，还需要满足两个条件：第一，表明比率数假设不恰当；第二，一般化秩序模型的系数是可解释且有意义的。因此，通常出于简约性的考虑，我们会选择常规的定序 logit 回归模型。②

因为本章的定序 logit 回归方程中有连续变量，为了检验连续变量与 logit(p)之间有线性关系，我们采用 Box-Tidwell 方法，生成“受教育年限 * ln（受教育年限）”及“年龄 * ln（年龄）”放入主效应模型中。回归结果显示，“受教育年限 * ln（受教育年限）”及“年龄 * ln（年龄）”的回归系数并不显著（p 值分别为 0.275 和 0.258）。因此，这两个统计上不显著的交互项是线性假设对两个变量成立的表示。

（二）定序逻辑斯蒂回归结果

户籍等级与社会保险。从定序 logit 回归模型统计分析结果中可以发现，户籍等级对个人享有的社会保险具有显著作用（$p=0.000$），个人户籍等级越高，则其享有更多社会保险项目的概率会越大。在控制其他协变量不变的情况下，户籍等级取值高一个单位的个人在“享有社会保险”的得分，小于或等于某一给定水平 j（如不享有任何社会保险 = 0）相对于大于 j 的比，是那些户籍等级取值低一个单位的个人相应比值的 $e^{-0.28032}=0.7555$ 倍。比如，拥有直辖市城区户口的个人，其不享有任何

① ［美］安·A. 奥康纳尔：《定序因变量的 Logistic 回归模型》，赵亮员译，上海：格致出版社，2012 年，第 48~49 页。

② ［美］唐启明：《量化数据分析：通过社会研究检验想法》，任强译，北京：社会科学文献出版社，2012 年，第 331 页。

社会保险相对于享有至少一项社会保险的比率，是那些拥有省会城市城区户口个人的0.7555倍；拥有省会城市城区户口的个人，不享有任何社会保险相对于享有至少一项社会保险的比率，是那些拥有地级市城区户口个人的0.7555倍。依此类推，拥有集镇或自理口粮户口的个人，不享有任何社会保险相对于享有至少一项社会保险的比率，是那些拥有农村户口个人的0.7555倍。由于变量"户籍等级"并不满足定序logit回归的比率假设，在分割间的统计上存在差异。依据Brant Wald检验的结果，在控制其他协变量不变的情况下，户籍等级取值高一个单位的个人在"享有社会保险"的得分，小于或等于某一给定水平j（$j \geqslant 0$，0=不享有任何社会保险）相对于大于j（$j>1$，1=享有一项社会保险）的比率，是那些户籍等级取值低一个单位的个人相应比率的$e^{-0.15729}=0.83921$倍。户籍等级取值高一个单位的个人在"享有社会保险"的得分，小于或等于某一给定水平j（$j \geqslant 2$，2=享有两项社会保险）相对于大于j（$j>3$，3=享有三项社会保险）的比率，是那些户籍等级取值低一个单位的个人相应比率的$e^{-0.33953}=0.71210$倍。这表明，户籍等级影响了城乡居民的社会保险获得，证实了研究假设5：居民拥有的户籍等级越高，越有利于其再分配收益获得（见表2-9）。

表2-9　　**社会保险城乡差异的Ologit回归结果**

	Ologit	(N=1753)		Factor Change in Odds		
享有社会保险	b	z	$p>\|z\|$	e^b	e^bStdX	SDofX
户籍等级	−0.280	−9.457	0.00	0.755	0.608	1.777
就业部门	0.393	2.095	0.036	1.482	1.217	0.499
就业单位	0.294	3.177	0.001	1.341	1.333	0.979
职务	0.063	0.545	0.586	1.065	1.029	0.458
政治面貌	−0.363	−2.691	0.007	0.696	0.871	0.382
受教育年限	0.147	8.141	0.000	1.158	1.641	3.377
技术职称	−0.247	−4.016	0.000	0.781	0.807	0.867

续表

Ologit　(N=1753)　Factor Change in Odds						
年龄	0.086	3.556	0.000	1.090	2.599	11.12
年龄平方	−0.001	−3.466	0.001	0.999	0.406	899.0
性别	0.046	0.474	0.635	1.047	1.023	0.489

我们可以通过图形，更直观地将 logit 回归方程中变量“户籍等级”与“享有社会保险”的关系表现出来。由于协变量的每一个组合都不同，我们可以依据回归方程统计结果，计算每一个协变量组合获得因变量“享有社会保险”每个取值的具体概率，具体结果见图 2-1。图 2-1 显示，个人无任何社会保险的比率随户籍等级而变化，户籍等级越高，个人获得三项社会保险的比率越高，而不被任何社会保险覆盖的比率会越低。

我们分别描绘了变量“就业部门”取值为 1 和 0(1=公有部门，0=私有部门)，其余变量取均值时，户籍等级的变化对个人获得社会保险的影响。图 2-2 中两个图形形状基本相同，都显示了户籍等级从高(直辖市城区户口)到低(农村户口)的变化，所带来的获得社会保险得分比率的变化。个人的户籍等级越低，其无任何社会保险的比率越高，而获得三大社会保险的比率越低。

控制变量是“性别”“年龄”及“年龄平方”，其中，“性别”不具有统计显著性。年龄的回归系数是正值，而年龄平方的回归系数是负值，均有统计显著性，这表明，年龄对因变量的影响是倒 U 形曲线，曲线的最高点是 42.83，也即当年龄达到 42.83 岁之后，年龄的继续增长将会对个人获得社会保险具有负向作用力。大约在 43 岁之前，年龄每增长 1 岁，个人不被任何社会保险所覆盖相对于享有一项社会保险的比数将会减少 8.97%；在 43 岁之后，年龄每增加 1 岁，个人不被任何社会保险所覆盖相对于享有一项社会保险的比数将会增加 0.1%。

现在我们可以依据回归方程，来预测因变量各取值在自变量某一特

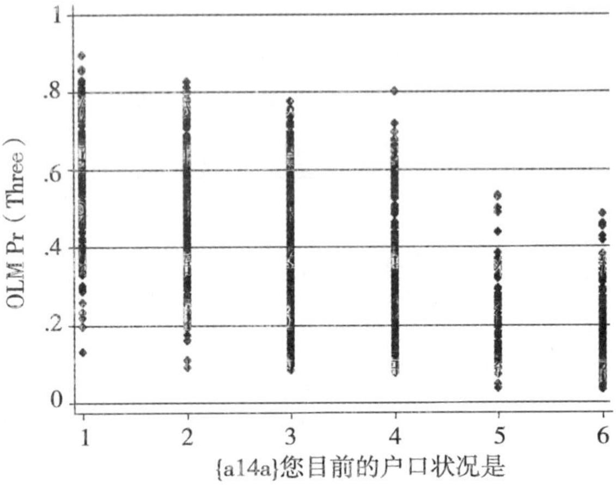

（1）

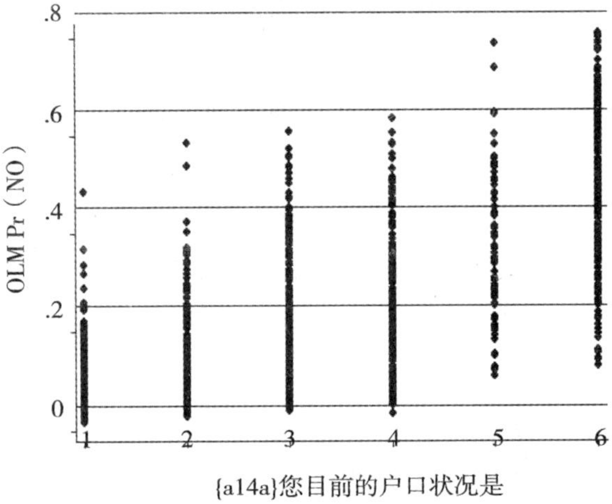

（2）

图 2-1　户籍性质与社会保险获得概率散点图

定组合下的概率。当其余自变量取均值，我们可以计算出户籍等级的变化对因变量“享有社会保险”四个取值的概率的影响。从表格中，我们可以发现，户籍等级越高，则“平均人”享有三项社会保险的概率越大，而不被任何社会保险所覆盖的概率越小。直辖市城区户口的“平均人”享有三大社会保险的概率最大，为 0.4762，而不被任何社会保险所覆

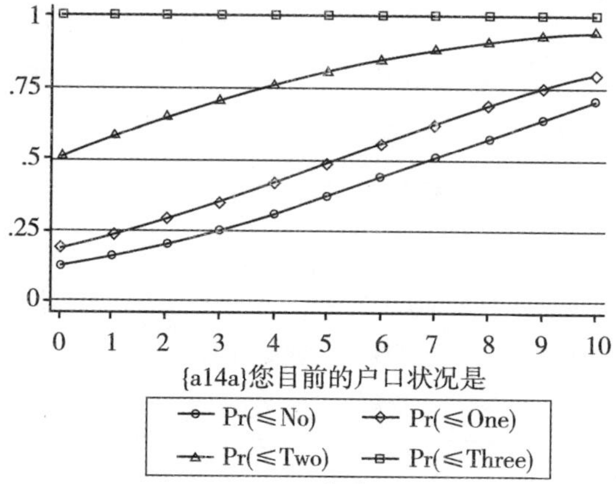

（1）

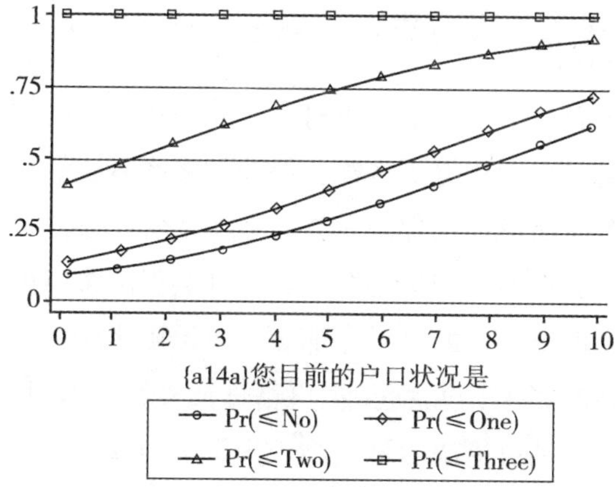

（2）

图 2-2　就业部门、户籍性质与社会保险获得概率曲线

盖的概率最小，为 0. 1337。省会城市城区户口的“平均人”享有三大社会保险的概率是 0. 4072，低于直辖市城区户口的“平均人”，而高于其余户口等级的“平均人”；其不被任何社会保险所覆盖的概率是 0. 1696，高于直辖市城区户口的“平均人”，而低于其他户口等级的“平均人”。其中，农村户口的“平均人”，相比其他户籍等级的“平均人”，不被任何社会保险所覆盖的概率最高，为 0. 3852，而享有三大社会保险的概率最低，为 0. 1829。具体见表 2-10。

表 2-10 **户籍等级与社会保险各取值的概率**

您目前的户口状况是	享有社会保险情况			
	无任何	有一项	有两项	有三项
直辖市城区户口	0.1337	0.0664	0.3237	0.4762
省会城市城区户口	0.1696	0.0791	0.3441	0.4072
地级市城区户口	0.2128	0.0919	0.3537	0.3417
县级市城区户口	0.2635	0.1036	0.3513	0.2817
集镇或自理口粮户口	0.3213	0.1129	0.3372	0.2285
农村户口	0.3852	0.1187	0.3131	0.1829

二、政治资本、人力资本与社会保障的城乡差别

前一部分我们讨论了户籍等级对个人获得社会保险多寡的影响，发现户籍等级越高，个人获得更多社会保险的概率越大。并且，政治资本和人力资本对个人获得社会保险的多寡均有影响。但同时我们也发现，政治资本和人力资本的各变量对个人获得社会保险多寡的影响力，随户籍性质不同而表现出一定的差异。那么，政治资本和人力资本对个人获得社会保险多寡的影响，究竟会随户籍性质变化而发生什么样的变化呢？接下来我们分别讨论政治资本与人力资本对城乡居民社会保险获得的影响，并比较两种资本在城乡居民获得社会保险中的作用的差异。

为了更详细地了解户籍等级、政治资本和人力资本对个人获得社会保险的影响，我们将多分类解释变量的某个取值作为基础变量，将其分解成若干虚拟变量，比较其他取值的变量与基础变量对因变量的影响。具体来说，在定序 logit 回归模型中，我们将“户籍等级”中取值为“6=农业户口”，“就业单位”中取值为“1=私营单位”，“受教育程度”中取值为“1=小学及以下”，技术职称中取值为“4=无技术职称”的变量，作为基础变量，比较了这些变量的其他取值与基础变量对因变量的影响。由于“就业单位”是“就业部门”的细分项，“户籍等级”是“户籍性质”的细分项，所以在选取基础变量之后，“就业部门”和“户籍性质”并没有

放入到模型中。

(一)模型拟合评估

在离散变量回归模型中，根据传统的分组变量与关注变量乘积，来确定关注变量的回归结果组间差异的方法，可能受到样本异质性的干扰而出现有偏结果①。因而，我们采用异质性选择模型来检验变量回归系数在不同样本间的统计差异，用于比较的模型共有三个。见表 2-11。

表 2-11　政治资本、人力资本与社会保险获得城乡差异的回归结果

社会保险	Ologit Ⅰ (所有样本)	Ologit Ⅱ (农业户口)	Ologit Ⅲ (非农业户口)
户籍等级(农业户口)			(集镇或自理口粮户口)
直辖市城区户口	1.639*** (0.189)		1.219*** (0.279)
省会城市城区户口	0.941*** (0.155)		0.514* (0.256)
地级市城区户口	0.656*** (0.134)		0.199 (0.244)
县级市城区户口	0.265+ (0.153)		-0.192 (0.255)
集镇或自理口粮户口	0.461+ (0.241)		
就业单位(私营单位)			
事业单位	0.652*** (0.140)	-0.454 (0.304)	1.017*** (0.168)
国有企业	1.051*** (0.117)	0.539* (0.212)	1.315*** (0.146)

① 李涛、史宇鹏、陈斌开：《住房与幸福：幸福经济学视角下的中国城镇居民住房问题》，《经济研究》2011 年第 9 期。

续表

社会保险	Ologit Ⅰ（所有样本）	Ologit Ⅱ（农业户口）	Ologit Ⅲ（非农业户口）
党政机关	0.938*** (0.223)	1.320** (0.420)	1.069*** (0.279)
职务(干部)	0.069 (0.116)	0.508* (0.217)	-0.014 (0.140)
政治面貌(党员)	-0.248+ (0.139)	-1.006** (0.349)	-0.146 (0.158)
受教育程度(小学及以下)			
初中教育	0.420* (0.186)	0.343 (0.248)	0.315 (0.295)
中等教育	1.055*** (0.188)	1.303*** (0.263)	0.851** (0.289)
高等教育	1.492*** (0.213)	1.589*** (0.347)	1.355*** (0.308)
技术职称(无技术职称)			
高级职称	0.583* (0.256)	0.065 (0.615)	0.510+ (0.289)
中级职称	0.486** (0.155)	0.349 (0.356)	0.397* (0.178)
初级职称	0.579*** (0.152)	0.501+ (0.281)	0.523** (0.185)
年龄	0.085*** (0.024)	0.090* (0.044)	0.097** (0.031)
年龄平方	-0.001*** (0.000)	-0.001* (0.001)	-0.001** (0.000)
性别(男性)	0.091 (0.097)	0.039 (0.174)	0.166 (0.119)
cut1	2.656*** (0.503)	2.506** (0.854)	2.476*** (0.707)
cut2	3.142*** (0.505)	3.046*** (0.858)	2.937*** (0.709)

续表

社会保险	Ologit Ⅰ（所有样本）	Ologit Ⅱ（农业户口）	Ologit Ⅲ（非农业户口）
cut3	4.641***	4.575***	4.460***
	(0.513)	(0.869)	(0.716)
N	1753	594	1159
R^2	0.1237	0.0636	0.0950

Standard errors in parentheses, + $p < 0.10$, * $p < 0.05$, ** $p < 0.01$, *** $p < 0.001$

三个定序 logit 回归的结果表明，从整体上看，三个回归方程对数据拟合都较好。包含所有样本的 Ologit Ⅰ回归结果显示，在迭代开始时，对数似然值是－2263.8403，最终迭代后，对数似然值是－1983.7476。因此，$X^2=-2[-2263.8403-(-1983.7476)]=560.19$。这个卡方值在对应 19 个自由度时的概率是 0.000(Prob>chi2=0.000)。结果表明，回归方程 Ologit Ⅰ中所纳入的解释变量对因变量有显著影响，伪 R^2(pseudo R^2)的值为 0.1237。只包含农业户口的 Olgoit Ⅱ回归结果显示，在迭代开始时，对数似然值是－725.48378，最终迭代后，对数似然值是－679.33539。因此，$X^2=-2[-725.48378-(-679.33539)]=92.30$。这个卡方值在对应 14 个自由度时的概率是 0.000(Prob>chi2=0.000)。结果表明，回归方程 Olgoit Ⅱ中所纳入的解释变量对因变量有显著影响，伪 R^2(pseudo R^2)的值为 0.0636。只包含非农业户口的 OlgoitⅢ的回归结果显示，在迭代开始时，对数似然值是－1420.2562，最终迭代后，对数似然值是－1285.2658。因此，$X^2=-2[-1420.2562-(-1285.2658)]=269.98$。这个卡方值在对应 18 个自由度时的概率是 0.000(Prob>chi2=0.000)。结果表明，回归方程 OlgoitⅢ中所纳入的解释变量对因变量有显著影响，伪 R^2(pseudo R^2)的值为 0.095。

(二)逻辑斯蒂回归结果

1. 户籍等级与社会保险

在 Ologit Ⅰ模型中，相比农业户口，非农业户口个人拥有的户籍等级越高，则其获得更多社会保险的概率越高，直辖市城区户口最有助于个人获得更多社会保险。其中，相比农业户口，拥有县级市城区户口和集镇或自理口粮户口有助于个人获得更多社会保险，两个变量都在 0.1 程度上显著。“地级市城区户口”“省会城市城区户口”和“直辖市城区户口”等三个虚拟变量都在 0.001 程度上有统计显著性。在控制其他协变量不变的情况下，拥有直辖市城区户口的个人不被任何社会保险所覆盖相比于享有一项社会保险的比率，是拥有农业户口个人相应比率的 5.1479 倍。拥有省会城市城区户口的个人不被任何社会保险所覆盖相比于享有一项社会保险的比率，是拥有农业户口个人相应比率的 1.3986 倍。拥有地级市城区户口的个人不被任何社会保险所覆盖相比于享有一项社会保险的比率，是拥有农业户口个人相应比率的 1.3178 倍。在非农业户口样本中，Ologit Ⅲ模型回归结果与 Ologit Ⅰ模型相近，都显示了户籍等级越高，越有助于个人获得更多社会保险。虽然有可能因为社会保险市县级统筹层次，导致了“县级市城区户口”和“地级市城区户口”回归系数统计上的不显著，但总体上还是再次证实了研究假设 5：居民拥有的户籍等级越高，越有利于其再分配收益获得。而且，比较 Ologit Ⅲ模型与 Ologit Ⅰ模型中“直辖市城区户口”和“省会城市城区户口”两个变量的回归系数，发现两个模型中这两个回归系数方向一致，都是正值，但 Ologit Ⅰ模型中这两个虚拟变量的回归系数（1.639 和 0.941）大于 Ologit Ⅲ模型中相应的回归系数（1.219 和 0.514），表明城乡户籍之间社会保险的差异，要大于城镇内部户籍等级之间的差异。

2. 政治资本与城乡之间社会保险关系的比较

政治资本通过就业单位、职务和政治面貌三个变量来测量。工作单位拥有一定的再分配权力，个人因在其中获得了某一位置，而拥有了工作组织所具备的再分配权力。我们将“就业单位”以“私营单位”为基础变量，细化为三个虚拟变量。在 Ologit Ⅲ模型与 Ologit Ⅰ模型中，事业单位、国有企业和党政机关这三个虚拟变量的回归系数都是正向，且具有统计显著性。这表明，在这两个回归模型中，相比私营单位，事业单位、国有企业和党政机关等就业单位类型对个人获得更多社会保险具有正向影响力。其中，在国有企业中就业最有利于个人获得更多社会保险，其次是党政机关和事业单位。对所有个人来说，在私营单位中就业的个人不被任何社会保险所覆盖相对于享有一项社会保险的比率，是在国有企业就业个人相应比数的 $e^{1.051}=2.8606$ 倍。对非农业户口个人来说，在私营单位中就业的个人不被任何社会保险所覆盖相对于享有一项社会保险的比率，是在国有企业就业个人相应比数的 $e^{1.315}=3.7248$ 倍。比较 Ologit Ⅱ和 Ologit Ⅲ两个模型中就业单位的相关虚拟变量的回归系数，我们发现，对农业户口个人来说，相比私营单位，党政机关最有利于个人获得更多社会保险，其次是国有企业，尽管事业单位的回归系数仍是正向，但统计上不显著，并不能在获得社会保险方面给个人带来更多收益。对非农业户口来说，就业单位所有的三个虚拟变量，相比私营单位，都有利于个人获得更多社会保险，其中国有企业的效用最显著，在私营单位中就业的个人不被任何社会保险所覆盖相比享有一项社会保险的比率，是在国有企业就业个人相应比率的 3.7428 倍。

政治面貌和职务测量的是再分配权力所具有的个人属性方面。干部和党员的身份在模型 Ologit Ⅰ和 Ologit Ⅲ中，其回归系数在 p 值为 0.05 时，均不显著，党员身份只在模型 Ologit Ⅰ中，p 值为 0.01 时才显著。比较 Ologit Ⅱ和 Ologit Ⅲ两个模型中“政治面貌”和“职务”的回归系数，我们发现，这两个虚拟变量的回归系数只在模型 Ologit Ⅱ中是显著的，p 值分别为 0.004（党员）和 0.019（干部），但职务的回归系数是正向，而党员的回归系数为负向。这表明，在控制其他协变量不变的情况下，对农业户口个人来说，非党员干部最有助于个人获得更多的社会保险，其次是党员干部，再次是非党员一般人员，最不容易获得社会保险的是那些既是党员又非干部的个人。因此，具有个人属性的政治资本在非农业户口群体中，并不对个人获得社会保险有显著作用，但是对农业户口群体中的个人获得社会保险有显著影响力。这表明，政治资本对城乡居民获得社会保障再分配都具有作用，但作用力存在城乡差异，这部分证实了研究假设1：政治资本对城乡居民社会保障再分配收益均有作用。并且证实了研究假设3：相比农村居民，政治资本对城市居民的社会保障再分配收益的作用更大。

3. 人力资本与城乡之间社会保险关系的比较

教育是个人获得人力资本的主要途径，接受更多的教育不仅有助于个人增强自己在市场上的讨价还价能力，进而获得更多的初次收入，还能使个人获得更好的社会保障。三个模型回归结果显示，受教育程度更高的个人，其获得更多社会保险的机会越多。具体来说，对所有人而言，接受初中及以上程度教育，相比仅受小学及以下程度教育，会有更多机会获得更多社会保险。其中，中等教育程度作用要大于初中教育，高等教育程度作用又大于中等教育。接受高等教育的个人，不被任何社会保险所覆盖相比获得一项社会保险的比率，是教育程度为小学及以下的个人相应比率的18.36%。在农业户口和非农业户口两个群体中，虚拟变量“初中”的回归系数并不显著，这说明初中以上教育程度的个人，才能比小学及以下教育程度的个人，在获得更多社会保险方面具有优势。这部分证实了研究假设2：人力资本对城乡居民获得社会保障再分配收益均具有作用。

但是教育程度对社会保险获得的作用存在城乡差异。相比非农业户口群体，在农业户口群体中，受教育程度对个人获得更多社会保险的影响力要更大一些。在农业户口群体中，“中等教育”和“高等教育”的回归系数分别是1.303和1.589；在非农业户口群体中，相应的回归系数是0.851和1.355。这一点与本研究的研究假设4相悖(相比农村居民，人力资本对城市居民的社会保障再分配收益的作用更大)。这可能与当时的社会保障制度相关，农村居民的社会保险更多通过个人获得，而城市居民受国家庇护的程度更深，因而减弱了教育对城市居民社会保险获得的作用。

技术职称等级也是测量个人人力资本的一个重要维度。Ologit Ⅰ回归结果显示，技术职称相关的三个虚拟变量——“初级职称”“中级职称”以及“高级职称”的回归系数都是正向的，且都具有统计显著性。这也说明，对所有个人来说，技术职称都有利于个人获得更多社会保险。而且这三个回归系数的值也表明，技术职称越高，越有利于个人获得更多社会保险。其中，在控制其他协变量不变的情况下，具备高级职称的个人不被任何社会保险所覆盖相对于享有一项社会保险的比率，是不具有职称的个人相应比率的 35.82%。技术职称与受教育程度的作用相似，两者共同证实了研究假设 2。但是技术职称对个人获得社会保险的影响，随户籍性质而变化。比较模型 Ologit Ⅱ和 Ologit Ⅲ中技术职称的相关虚拟变量的回归系数，我们发现，在模型 Ologit Ⅱ中，仅有“初级职称”的回归系数在 0.1 水平上是显著的，其余各系数均不显著；而在模型 Ologit Ⅲ中，技术职称的三个虚拟变量的回归系数在 0.1 水平上均是显著的，其中初级职称在 0.01 的水平上、高级职称在 0.05 的水平上是显著的。这也说明在城乡社会中，技术职称对个人获得社会保险的作用是存在差异的。在农业户口群体中，个人具备初级技术职称可能有助于个人获得社会保险；在非农业户口群体中，技术职称对个人获得社会保险具有正向作用力，其中初级职称的作用最为明显。具有初级职称的个人不被任何社会保险所覆盖相对于享有一项社会保险的比率，是不具备技术职称的个人相应比率的 67.26%。相比农村居民，技术职称等级对城市居民获得社会保险发挥更大作用，这部分证实了研究假设 4。技术职称等级与教育程度对城乡居民社会保险获得的不同效应，应与技术职称评定制度相关。技术等级制度的建设以及实施通常在公有单位中更为完善，技术职称是公有单位就业者获得更多经济收益的一个重要因素。而进入公有单位的劳动者通常具有城市户籍，所以相比农村居民，技术职称等级对城市居民的社会保险获得影响更大。

4. 控制变量与社会保险

性别在三个模型中均不具有统计显著性。但年龄与年龄平方在三个模型中都具有统计显著性，并且年龄和年龄平方的回归系数相反。这表明，年龄对个人获得社会保险的作用是呈倒 U 形曲线。我们分别求出了曲线最高点的值，对城乡所有居民来说，曲线转折点大约在 42.3 岁。对农业户口居民来说，大约在 39.9 岁；对非农业户口居民来说，大约在41.8岁。在此之后，年龄继续增长会给个人获得更多社会保险带来轻微的负向影响。

第三节 三大社会保险城乡差异比较

前一节中，我们比较了城乡之间政治资本和人力资本对个人获得社会保险的作用的差异。但是这还不能告诉我们政治资本和人力资本在获得具体社会保险项目上城乡之间的差异，因为被解释变量“享有社会保险”的取值1和2，只是告诉我们社会保险项目的多寡，不能告诉我们数字“1”和“2”具体代表的社会保险项目。而且，养老保险、医疗保险和失业保险各项目的具体政策规定不一，这些各异的保险政策规定必然会影响个人对具体保险项目的获得。如失业保险政策只是针对在市场中正规经济组织就业和在公有部门中部分单位就业的个人，自由职业者、个体户、务农的农民等群体并不在该政策覆盖范围之内。为了更清晰地了解政治资本和人力资本在获得社会保险上城乡之间的差异，本节我们不仅分别比较了政治资本和人力资本对个人获得具体某一项社会保险的影响在城乡之间的差异，还比较了政治资本和人力资本在个人获得具体某一项社会保险中的作用力的城乡差异，以期补充前面的分析。

一、两种资本与三大社会保险城乡差异的描述分析

(一)政治资本与三大社会保险的城乡差异

依据“城乡户籍”，我们分别获得“养老保险”“医疗保险”以及“失业保险”在各“就业单位”中分布的列联表。从总体上看，城镇居民被三大保险所覆盖的比率都要高过农村居民，公有单位工作人员要高过非公有单位工作人员。其中，医疗保险的城乡覆盖比例差距最大，城镇居民被医疗保险所覆盖的比例要高出农村居民33.05%，失业保险的城乡覆盖比例差距最小，为27.44%。而且，相比农业户口群体，就业单位对

个人获得养老保险和医疗保险的影响，在非农业户口群体中存在的差异更大。在农业户口群体中，在私营单位就业的人中有 38.5%获得养老保险，该比例高于就业于事业单位的相应比例(高出 3.88%)，但低于就业于国有企业和党政机关的相应比例，分别低 20.2%和 11.5%。在非农业户口群体中，在私营单位就业的人中有 56.12%获得养老保险，相比就业于事业单位、国有企业和党政机关的相应比例，分别低 30.3%、27.01%和 14.53%。医疗保险的情况与之类似，只是差距更大一些，都表现出就业单位对城镇居民获得医疗保险/养老保险的影响，要大于其对农村居民获得这两种保险的影响。

尽管总体上城镇居民被失业保险覆盖的比例要高于农村居民，但是就失业保险与就业单位之间的关系来说，在非农业户口群体中，就业单位对个人获得失业保险的影响力并不如就业单位对个人获得养老保险和医疗保险的影响力。在非农业户口群体中，就业于事业单位和党政机关的个人被失业保险覆盖的比例接近，都维持在 50%左右的水平，只有就业于国有企业的个人被失业保险所覆盖的比例稍高一些，为 54.94%。这显然与失业保险政策相关。事业单位和党政机关实施失业保险政策，相比实施养老保险和医疗保险相关政策而言，时间上要晚，普及程度也要低。在农业户口群体中，相比养老保险和医疗保险，失业保险所覆盖的比例最低，只有 17.51%。另外，农业户口群体中，在私营单位中就业的个人被失业保险所覆盖的比例，甚至高于在事业单位中就业的相应比例。具体数据见表 2-12 至表 2-14。

表 2-12　　**户籍性质、单位类型与养老保险覆盖比例**

户籍性质 / 就业单位	农业户口		非农业户口	
	无(%)	有(%)	无(%)	有(%)
私营单位	61.50	38.50	43.88	56.12
事业单位	65.38	34.62	13.58	86.42
国有企业	41.30	58.70	16.87	83.13

续表

户籍性质 / 就业单位	农业户口		非农业户口	
	无(%)	有(%)	无(%)	有(%)
党政机关	50	50	19.35	80.65
总计	58.25	41.75	25.97	74.03
	Pearson chi2(3) = 14.48 Pr = 0.002		Pearson chi2(3) = 110.0 Pr = 0.000	

表 2-13　**户籍性质、就业单位与医疗保险覆盖比例**

户籍性质 / 就业单位	农业户口		非农业户口	
	无(%)	有(%)	无(%)	有(%)
私营单位	60.09	39.91	41.97	58.03
事业单位	53.85	46.15	7.920	92.08
国有企业	45.65	54.35	12.29	87.71
党政机关	0	100	9.680	90.32
总计	54.88	45.12	21.83	78.17
	Pearson chi2(3) = 37.05 Pr = 0.000		Pearson chi2(3) = 156.6 Pr = 0.000	

表 2-14　**户籍性质、单位类型与失业保险覆盖比例**

户籍性质 / 就业单位	农业户口		非农业户口	
	无(%)	有(%)	无(%)	有(%)
私营单位	82.63	17.37	68.82	31.18
事业单位	84.62	15.38	50.19	49.81
国有企业	76.09	23.91	45.06	54.94
党政机关	100	0	50	50
总计	82.49	17.51	55.05	44.95
	Pearson chi2(3) = 7.875 Pr = 0.049		Pearson chi2(3) = 51.88 Pr = 0.000	

政治面貌对农村居民获得养老保险和医疗保险没有显著性影响，皮尔逊卡方检验值太小，p 值分别为 0.188 和 0.106，只对农村居民获得失业保险有显著影响，非党员被失业保险所覆盖的比例高出党员约 15 个百分点，在 0.05 的水平上显著。但在 0.05 水平上，政治面貌对城镇居民获得三大社会保险均有显著影响，党员相比非党员，被养老保险和医疗保险所覆盖的比例均高约 12 个百分点，被失业保险所覆盖的比例高约 7 个百分点。见表 2-15 至表 2-17。

表 2-15 **户籍性质、政治面貌与失业保险覆盖比例**

户籍性质 政治面貌	农业户口		非农业户口	
	无(%)	有(%)	无(%)	有(%)
非党员	81.11	18.89	56.59	43.41
党员	96.30	3.700	49.61	50.39
总计	82.49	17.51	55.05	44.95
Pearson chi2(1)= 7.838 Pr=0.005			Pearson chi2(1)= 3.9276 Pr=0.048	

表 2-16 **户籍性质、政治面貌与养老保险覆盖比例**

户籍性质 政治面貌	农业户口		非农业户口	
	无(%)	有(%)	无(%)	有(%)
非党员	57.41	42.59	28.57	71.43
党员	66.67	33.33	16.80	83.20
总计	58.25	41.75	25.97	74.03
Pearson chi2(1)= 1.731 Pr=0.188			Pearson chi2(1)= 14.38 Pr=0.048	

表 2-17　　户籍性质、政治面貌与医疗保险覆盖比例

户籍性质 / 政治面貌	农业户口		非农业户口	
	无(%)	有(%)	无(%)	有(%)
非党员	55. 93	44. 07	24. 47	75. 53
党员	44. 44	55. 56	12. 50	87. 50
总计	54. 88	45. 12	21. 83	78. 17
	Pearson chi2(1)= 2. 6141 Pr=0. 106		Pearson chi2(1)= 16. 76 Pr=0. 000	

干部身份对所有居民获得任何一项社会保险，在 0. 05 水平上，都具有显著影响。但是比较城乡居民内部干部与一般工作人员被某一社会保险所覆盖比例的差异，可知农村居民群体中的差距要大于城镇居民。在农业户口群体中，干部与一般工作人员被养老保险所覆盖的比例差距为 17. 53%，被医疗保险所覆盖的比例差距为 21. 3%，被失业保险所覆盖的比例差距为 8%。在非农业户口群体中，干部与一般工作人员被养老保险所覆盖的比例差距为 8. 27%，被医疗保险所覆盖的比例差距为 10. 74%，被失业保险所覆盖的比例差距为 8. 27%，均低于农业户口群体中相应的比例差距(见表 2-18 至表 2-20)。因此，干部身份对个人获得社会保险的效用，在农业户口群体中要大于非农业户口群体。通过计算比率(odds ratio)，这个特征可以表现得更清晰。在农业户口群体中，干部获得失业保险的比率是一般工作人员的 1. 664 倍，获得养老保险的比率是一般工作人员的 2. 037 倍，获得医疗保险的比率是一般工作人员的 2. 377 倍；在非农业户口群体中，一般工作人员获得失业保险的比率是干部的 1. 396 倍，获得养老保险的比率是干部的 1. 565 倍，获得医疗保险的比率是干部的 1. 975。

表 2-18 户籍性质、职务与失业保险覆盖比例

职务 \ 户籍性质	农业户口		非农业户口	
	无(%)	有(%)	无(%)	有(%)
一般工作人员	84.19	15.81	57.89	42.11
干部	76.19	23.81	49.62	50.38
总计	82.49	17.51	55.05	44.95
	Pearson chi2(1)=4.396 Pr=0.036		Pearson chi2(1)=7.233 Pr=0.007	

表 2-19 户籍性质、职务与养老保险覆盖比例

职务 \ 户籍性质	农业户口		非农业户口	
	无(%)	有(%)	无(%)	有(%)
一般工作人员	61.97	38.03	28.82	71.18
干部	44.44	55.56	20.55	79.45
总计	58.25	41.75	25.97	74.03
	Pearson chi2(1)=12.53 Pr=0.000		Pearson chi2(1)=9.295 Pr=0.002	

表 2-20 户籍性质、职务与医疗保险覆盖比例

职务 \ 户籍性质	农业户口		非农业户口	
	无(%)	有(%)	无(%)	有(%)
一般工作人员	59.40	40.60	25.53	74.47
干部	38.10	61.90	14.79	85.21
总计	54.88	45.12	21.83	78.17
	Pearson chi2(1)=18.20 Pr=0.000		Pearson chi2(1)=17.68 Pr=0.000	

（二）人力资本与三大社会保险的城乡差异

无论是初次收入分配，还是再次收入分配，教育对个人生活机遇都有重要作用。受教育程度对个人获得任何社会保险，无论是在农业户口群体中，还是非农业户口群体中，都有统计显著性作用。从各受教育程度群体被三大保险覆盖的比例来看，受教育程度越高的群体，被三大保险所覆盖的比例会越高。受教育程度每上升一级，该群体被医疗保险所覆盖的比例增长幅度会越大。从小学及以下教育程度变动为初中，再从初中依次上升至中等教育，再至高等教育，农业户口群体中个人被医疗保险覆盖比例增长幅度依次是3.74%、14.45%、27.05%，非农业户口群体相应比例增长幅度是11.93%、10.89%、12.06%。比较城乡之间受教育程度的变化导致被医疗保险所覆盖比例增长幅度的变化，我们可以发现，受教育程度对医疗保险获得的作用，在农业户口群体中更为显著一些。养老保险也表现出与之相类似的特征。在农业户口群体中，受过高等教育类别中，养老保险的覆盖比例是67.86%，高出受过中等教育类别15.33%，受过中等教育类别又高出受初中教育类别18.19%，受初中教育类别高出小学及以下教育类别7.69%。在非农业户口群体中，受过高等教育的类别中，养老保险的覆盖比例是84.17%，高出受过中等教育类别10.08%，受过中等教育类别又高出受初中教育类别14.47%，初中教育类别高出小学及以下教育类别18.42%。受教育程度对个人获得养老保险相对影响，在农业户口群体中，随受教育程度的上升而减弱，在非农业户口群体中，随受教育程度的上升而增强。

而受教育程度对个人获得失业保险的影响，因户籍性质不同表现出一定的差异。在农业户口群体中，受中等教育个人被失业保险覆盖比例最高，为30.3%，依次是高等教育和初中，覆盖比例最低的是小学及以下教育程度，为5.56%。在非农业户口群体中，受高等教育个人被失业保险所覆盖的比例最高，为53.54%，从高到低，依次是中等教育、初中和小学及以下。可见，在农业户口群体中，中等教育相对于其他受教育程度类别，对个人获得失业保险的相对作用最大；在非农业户口群体中，高等教育相对于其他受教育程度类别，对个人获得失业保险的相对作用最大(见表 2-21 至表 2-23)。

表 2-21　　户籍性质、受教育程度与养老保险覆盖比例

户籍性质 受教育程度	农业户口		非农业户口	
	无(%)	有(%)	无(%)	有(%)
小学及以下	74.07	25.93	58.62	41.38
初中	66.38	33.62	40.38	59.62
中等教育	47.47	52.53	25.91	74.09
高等教育	32.14	67.86	15.83	84.17
总计	58.25	41.75	25.97	74.03
Pearson chi2(3)=42.57 Pr=0.000			Pearson chi2(3)=80.29 Pr=0.000	

表 2-22　　户籍性质、受教育程度与医疗保险覆盖比例

户籍性质 受教育程度	农业户口		非农业户口	
	无(%)	有(%)	无(%)	有(%)
小学及以下	66.67	33.33	46.55	53.45
初中	62.93	37.07	34.62	65.38
中等教育	48.48	51.52	23.73	76.27
高等教育	21.43	78.57	11.67	88.33
总计	54.88	45.12	21.83	78.17
Pearson chi2(3)=40.71 Pr=0.000			Pearson chi2(3)=70.63 Pr=0.000	

表 2-23　　户籍性质、受教育程度与失业保险覆盖比例

户籍性质 / 受教育程度	农业户口		非农业户口	
	无(%)	有(%)	无(%)	有(%)
小学及以下	94.44	5.56	70.69	29.31
初中	89.66	10.34	69.23	30.77
中等教育	69.70	30.30	55.69	44.31
高等教育	75.00	25.00	46.46	53.54
总计	82.49	17.51	55.05	44.95
Pearson　chi2(3)= 43.54　Pr=0.000			Pearson　chi2(3)= 37.02　Pr=0.000	

技术职称除了与农业户口群体失业保险获得之间的关系不具有统计显著性，与其余所有社会保险获得之间的关系，均具有统计显著性。显然，在农业户口群体中，不具有技术职称的比例更高，为 85.19%，非农业群体中的比例为 64.62%。在农业户口群体中，具有技术职称会增加个人获得养老保险和医疗保险的机会。其中，中级技术职称的效应最大，中级职称群体中获得养老保险和医疗保险的比例分别为 73.33%和 86.67%，不仅高于无职称和初级职称群体相应比例，也高于高级职称群体相应比例。在非农业户口群体中，具有技术职称同样也会增加个人获得养老保险和医疗保险的机会，也同样是中级职称的效用最大(见表 2-24 至表 2-26)。

表 2-24　　户籍性质、技术职称与养老保险覆盖比例

户籍性质 / 技术职称	农业户口		非农业户口	
	无(%)	有(%)	无(%)	有(%)
高级职称	40.00	60.00	18.03	81.97
中级职称	26.67	73.33	12.69	87.31
初级职称	54.17	45.83	15.13	84.87

续表

户籍性质 / 技术职称	农业户口		非农业户口	
	无(%)	有(%)	无(%)	有(%)
无职称	60.87	39.13	32.31	67.69
总计	58.25	41.75	25.97	74.03
	Pearson chi2(3)=15.43 Pr=0.001		Pearson chi2(3)=45.01 Pr=0.000	

表 2-25　　**户籍性质、技术职称与医疗保险覆盖比例**

户籍性质 / 技术职称	农业户口		非农业户口	
	无(%)	有(%)	无(%)	有(%)
高级职称	40.00	60.00	8.20	91.80
中级职称	13.33	86.67	7.61	92.39
初级职称	33.33	66.67	13.82	86.18
无职称	59.68	40.32	28.30	71.70
总计	54.88	45.12	21.83	78.17
	Pearson chi2(3)=35.52 Pr=0.000		Pearson chi2(3)=54.10 Pr=0.000	

表 2-26　　**户籍性质、技术职称与失业保险覆盖比例**

户籍性质 / 技术职称	农业户口		非农业户口	
	无(%)	有(%)	无(%)	有(%)
高级职称	80.00	20.00	40.98	59.02
中级职称	86.67	13.33	43.15	56.85
初级职称	75.00	25.00	46.05	53.95
无职称	83.00	17.00	61.15	38.85
总计	82.49	17.51	55.05	44.95
	Pearson chi2(3)=2.362 Pr=0.501		Pearson chi2(3)=32.39 Pr=0.000	

技术职称对居民养老保险和医疗保险获得的作用上存在城乡差异，主要表现在两个方面。第一，城镇居民被医疗保险和养老保险所覆盖的比例要高于农村居民；第二，技术职称对农村居民获得医疗保险和养老保险的作用，要大于其对城镇居民获得相同社会保险的作用。我们将技术职称简化为两类——有技术职称和无技术职称，然后分别计算城乡居民中有技术职称的个人获得医疗保险和养老保险的比率。农村居民有技术职称的个人获得养老保险的比率是无技术职称的 3. 224 倍，城镇居民相应的比率是 2. 831 倍；农村居民有技术职称的个人获得医疗保险的比率是无技术职称的 3. 948 倍，城镇居民相应的比率是 3. 552 倍。

技术职称对城乡居民失业保险获得的影响，也存在两方面差异。第一，城镇居民获得失业保险的比例要高于农村居民相应比例；第二，技术职称对农村居民获得失业保险并不具有统计显著性，但对城镇居民获得失业保险具有统计显著性，即技术职称越高，城镇居民获得失业保险的机会越大。

二、政治资本、人力资本与三大保险获得城乡差别的回归分析

为了进一步明晰政治资本和人力资本对三大社会保险的作用在户籍等级上的差异，分别以“养老保险”“医疗保险”和“失业保险”为二分因变量，我们构建 9 个二项 logit 模型。每一社会保险有 3 个二项 logit 模型，我们不仅会用相应二项逻辑斯蒂回归比较政治资本和人力资本在社会保险获得上城乡之间的差异，还会用之讨论政治资本和人力资本对社会保险获得的作用是否因保险项目不同而存在差异。

（一）户籍等级与三大社会保险的城乡差异比较

1. 模型拟合优度评估

三个模型的 LR 值分别为 436. 12、80. 34 和 228. 39，在各自相应自由度下的概率都为 0. 000，表示三个模型对数据拟合较好。伪 R^2 分别为 0. 1811、0. 2164 和 0. 1289。我们还报告了三个模型的正确预测率分

别为73.59%、74.79%和70.74%（见表2-27）。这里的正确预测率指的是，按照模型预测获得养老保险概率值至少在0.5以上，同时实际上观察值也是获得了养老保险，正确预测的频次占相应样本量的比例。

表2-27　　**三大社会保险的二元Logit回归结果**

	Logit Ⅰ 养老保险	Logit Ⅱ 医疗保险	Logit Ⅲ 失业保险
户籍等级	−0.221*** (0.035)	−0.223*** (0.037)	−0.284*** (0.035)
就业单位	0.467*** (0.064)	0.675*** (0.070)	0.293*** (0.060)
职务	0.023 (0.145)	0.148 (0.154)	0.034 (0.133)
政治面貌	−0.288 (0.177)	−0.018 (0.197)	−0.409** (0.156)
受教育程度	0.633*** (0.073)	0.539*** (0.076)	0.463*** (0.074)
技术职称	−0.299*** (0.084)	−0.521*** (0.099)	−0.176** (0.068)
年龄	0.111*** (0.029)	0.054+ (0.030)	0.075* (0.031)
年龄平方	−0.001*** (0.000)	−0.001+ (0.000)	−0.001* (0.000)
性别	0.005 (0.119)	−0.065 (0.124)	0.147 (0.115)
常数项	−2.242** (0.774)	−0.203 (0.810)	−2.376** (0.787)
N	1753	1753	1753
Pseudo R^2	0.1811	0.2164	0.1289
LR Chi2	418.02	481.41	284.33
Prob>LR	0.000	0.000	0.000
Correctly classified	73.59%	74.79%	70.74%

Standard errors in parentheses, $^{+}p<0.10$, $^{*}p<0.05$, $^{**}p<0.01$, $^{***}p<0.001$

2. 三个模型的比较分析

从表 2-27 中所报告的三个模型的回归结果来看，各模型自变量的回归系数方向保持一致，但回归系数大小和显著度水平存在差别。户籍等级的回归系数，在三个模型中都是正向，且具有统计显著性。这表示，户籍等级越高，个人获得三大社会保险的机会越大。其中，户籍等级在模型 Logit Ⅲ中的回归系数大于其在另外两个模型中的回归系数，表示户籍等级对失业保险的获得，相比对养老保险和医疗保险的获得，具有更大作用。

(二)养老保险的城乡差异

1. 模型拟合优度评估

总样本量为 1753，农业户口样本量为 594，非农业户口样本量为 1159。模型 Logit Ⅳ应用了全部样本，Logit Ⅴ应用了农业户口样本，Lgoit Ⅵ应用了非农业户口样本。三个模型的 LR 值分别为 436. 12、80. 34 和 228. 39，在各自相应自由度下的概率都为 0. 000，表示三个模型对数据拟合较好。伪 R^2 分别为 0. 1889、0. 0995 和 0. 1720。我们还报告了在应用相同变量，但对多分类自变量没有做二分虚拟处理的情况下，三个模型的正确预测率分别为 73. 59%、65. 66%和 78. 17%(见表 2-28)。

表 2-28　　**养老保险城乡差异的回归结果**

养老保险	Logit Ⅳ	Logit Ⅴ	Lgoit Ⅵ
	全部样本	农业户口	非农业户口
户籍等级(农业户口)			
直辖市城区户口	1. 162*** (0. 238)		1. 008** (0. 354)
省会城市城区户口	0. 872*** (0. 198)		0. 715* (0. 326)
地级市城区户口	0. 510** (0. 162)		0. 303 (0. 305)

续表

养老保险	Logit Ⅳ	Logit Ⅴ	Lgoit Ⅵ
	全部样本	农业户口	非农业户口
县级市城区户口	0.163 (0.181)		-0.086 (0.316)
集镇或自理口粮户口	0.264 (0.283)		
就业单位(私营单位)			
事业单位	0.763*** (0.177)	-0.554 (0.342)	1.361*** (0.232)
国有企业	1.111*** (0.146)	0.736** (0.250)	1.373*** (0.186)
党政机关	0.746* (0.296)	0.983+ (0.558)	0.892* (0.375)
职务(干部)	0.032 (0.146)	0.504* (0.253)	-0.104 (0.187)
政治面貌(党员)	-0.185 (0.185)	-1.102** (0.412)	0.075 (0.229)
受教育程度(小学及以下)			
初中教育	0.587** (0.211)	0.379 (0.279)	0.641+ (0.336)
中等教育	1.259*** (0.213)	1.247*** (0.291)	1.276*** (0.331)
高等教育	1.835*** (0.252)	1.782*** (0.414)	1.920*** (0.363)
技术职称(无技术职称)			
高级职称	0.360 (0.340)	0.190 (0.695)	0.103 (0.404)
中级职称	0.708** (0.227)	0.817+ (0.493)	0.471+ (0.264)
初级职称	0.528** (0.196)	0.030 (0.325)	0.700** (0.265)

续表

养老保险	Logit Ⅳ	Logit Ⅴ	Lgoit Ⅵ
	全部样本	农业户口	非农业户口
年龄	0. 111***	0. 127*	0. 137***
	(0. 029)	(0. 051)	(0. 040)
年龄平方	−0. 001***	−0. 002*	−0. 002***
	(0. 000)	(0. 001)	(0. 000)
性别(男性)	0. 032	−0. 042	0. 160
	(0. 120)	(0. 193)	(0. 157)
Cons	−3. 688***	3. 504***	4. 309***
	(0. 605)	(0. 975)	(0. 900)
N	1753	594	1159
Pseudo R^2	0. 1889	0. 0995	0. 1720
LR Chi2	436. 12	80. 34	228. 39
Prob>LR	0. 000	0. 000	0. 000
Correctly classified	73. 59%	65. 66%	78. 17%

Standard errors in parentheses, + $p < 0.10$, * $p < 0.05$, ** $p < 0.01$, *** $p < 0.001$

2. 养老保险的城乡差异

模型 Logit Ⅳ中户籍等级的各归回系数都是正向的，但县级市城区户口和集镇或自理口粮户口不具有统计显著性。这意味着，县级市城区户口及以下等级户口，对个人养老保险获得并不具有显著性影响，但是地级市城区及以上层次户口，相比农业户口，对个人获得养老保险有正向作用力。在控制其他协变量不变的情况下，地级市城区户口获得养老保险的比率是农村户口相应比率的 1. 6647 倍，省会城市城区户口获得养老保险的比率是农村户口相应比率的 2. 3914 倍，直辖市城区户口获得养老保险的比率是农村户口相应比率的 3. 1974 倍。在城镇居民内部，户口等级也会影响个人养老保险的获得。由于养老保险的市县级层次统筹，地级市及以下等级的户口与集镇或自理口粮户口相比，在个人养老保险获得上的影响并无显著性差异。但省会城市城区户口和直辖市城区户口对个人养老保险获得有正向影响。在控制其他协变量不变的情况下，省会城市城区户口获得养老保险的比率是集镇或自理口粮户口相应比率的 2. 0443 倍，直辖市城区户口获得养老保险的比率是集镇或自理口粮户口相应比率的 2. 7409 倍。

我们描绘出农业户口、地级市城区户口和直辖市城区户口三条概率曲线（见图 2-3），用以说明三个不同户口性质群体的养老保险获得概率随年龄的变化情况。位于底部的曲线是农业户口，中间曲线是地级市城区户口，最上面的曲线是直辖市城区户口，三条曲线清晰地展示了三个户籍等级在获得养老保险上随年龄变化的概率差异。

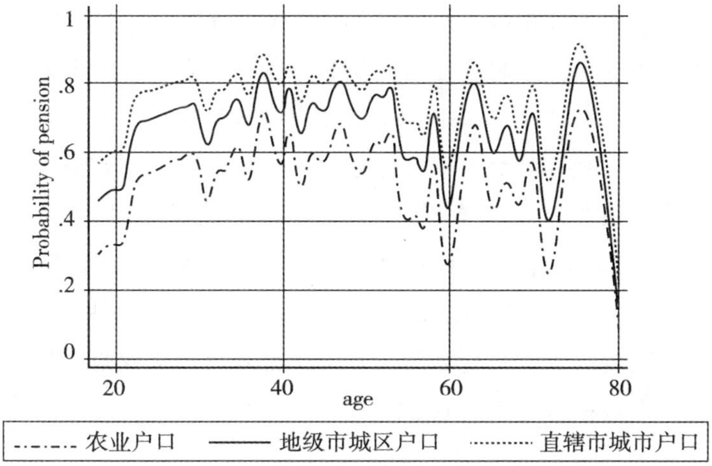

图 2-3　户籍等级与养老保险获得概率

3. 政治资本和城乡养老保险

总体上来说，就业单位对个人养老保险的获得有显著影响，相比在私营单位就业，在其他单位就业更有利于个人获得养老保险。在控制其他协变量不变的情况下，在事业单位就业的个人获得养老保险的比率是在私营单位就业相应比率的 2. 1457 倍，在国有企业就业的个人获得养老保险的比率是在私营单位就业相应比率的 3. 0369 倍，在党政机关就业的个人获得养老保险的比率是在私营单位就业相应比率的 2. 1038 倍。

但就业单位对个人获得养老保险的影响存在城乡差异。就业单位对个人养老保险获得的影响，在城镇居民中更为明显。在城镇居民中，就业单位的三个虚拟变量对个人获得养老保险在 *p* 值为 0.05 水平上，均有显著影响；而在农村居民中，只有国有企业在相同显著度水平下对个人获得养老保险有正向影响。

基于多分类自变量 logit 函数，我们绘出农业户口中分别就业于国有企业和私营单位，受过高中教育、无职称的非党员的男性一般工作人员，随年龄变化而获得养老保险概率的变化曲线图(图 2-4(a))。同时在对相关自变量做相同处理后，我们也绘出地级市城区户口中，具有类似特征个人随年龄变化而获得养老保险概率的变化曲线图(图 2-4(b))。两个曲线趋势图十分相似，只是(b)图曲线位置更高，且两条曲线距离更远一些。这说明，控制其他协变量后，国有企业对个人养老保险获得的影响，在地级市城区户口中，要比在农业户口中更大一些。

政治面貌和职务对个人获得养老保险的影响，只在农业户口群体中有显著影响。在农业户口群体中(模型 Logit Ⅴ)，控制其他协变量不变的情况下，干部获得养老保险的比率是一般工作人员相应比率的 1.6546 倍，党员获得养老保险的比率是非党员相应比率的 0.3321 倍。因此，控制其他协变量不变之后，党员干部获得养老保险的比率是非党员一般工作人员相应比率的 0.5495。

4. 人力资本和城乡养老保险

在模型 Logit Ⅳ中，受教育程度各类别均对养老保险的获得有显著作用。相比“小学及以下”受教育程度，控制其他协变量不变的情况下，初中能获得养老保险的比率增加 80%，中等教育相应比率增加 252%，高等教育相应比率增加 526%。在模型 Logit Ⅴ中，除受教育程度为初中类别外，其余受教育程度类别均对因变量有显著影响。具体来说，农业户口群体中，中等教育程度的个人获得养老保险的比率是小学及以下教育程度的个人相应比率的 3.479 倍，高等教育获得养老保险的比率是小学及以下教育相应比率的 5.944 倍。在模型 Lgoit Ⅵ 中，在 0.1 的显著度水平下，三个受教育程度的虚拟变量的回归系数具有统计意义。在城

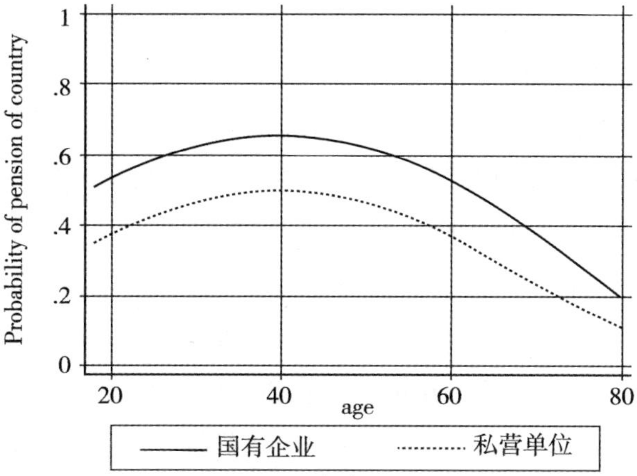

（a）

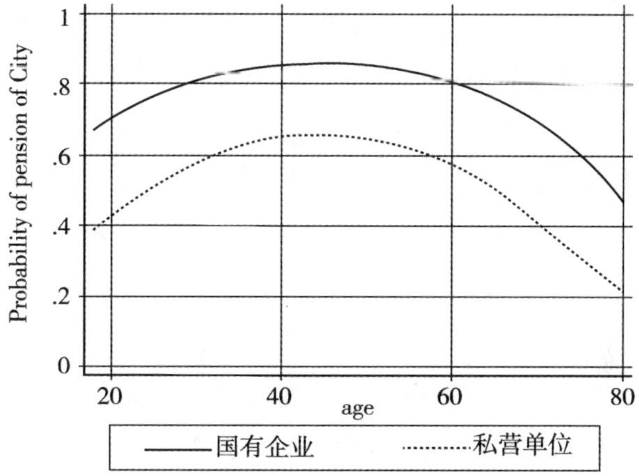

（b）

图 2-4　就业单位与养老保险获得概率

镇居民群体中，控制其他协变量不变的情况下，相比“小学及以下”受教育程度，初中能获得养老保险的比率增加 89.9%，中等教育相应比率增加 258%，高等教育相应比率增加 582%。

技术职称各类别虚拟变量各回归系数，在不同 Logit 模型中，对因变量所具有的意义有差异。高级职称在三个模型中，均不具有统计显著性；中级职称在 0.1 的水平上，在三个模型中，均具有统计显著性；低级职称只在农业户口模型中不具有统计显著性。对农业户口群体来说，控制其他协变量不变的情况下，具有中级职称的个人获得养老保险的比率是无职称个人相应比率的2.265倍. 对非农业户口群体来说，控制其他协变量不变的情况下，具有初级职称的个人获得养老保险的比率是无职称个人相应比率的2.0145倍；具有中级职称的个人获得养老保险的比率是无职称个人相应比率的1.6019倍。

我们绘出农业户口中分别受过中等教育和小学及以下教育的，在私营单位就业的非党员，获得养老保险的概率随年龄增长而变化的趋势图(图2-5(a))。以同样的方式，我们还绘出省会城市城区户口中分别受过中等教育和小学及以下教育的，在私营单位就业的非党员，获得养老保险的概率随年龄增长而变化的趋势图(图2-5(b))。两个曲线趋势图同样相似，只是(b)图曲线位置更高，且两条曲线距离更远一些。这说明，控制其他协变量后，人力资本对个人养老保险获得的相对影响，在省会城市城区户口中，要比在农业户口中更大一些。

控制变量“性别”在三个模型中，均对因变量变化不具有显著作用，“年龄”则恰好相反，城乡之间年龄的变化对养老保险获得的作用相同，都是呈倒U形曲线，我们可以从上述曲线图中清晰观察到这个趋势。

上述分析显示，户籍等级对养老保险的获得具有重要影响。户籍等级越高，个人获得养老保险的机会越大。而且，城乡户籍所导致的个人获得养老保险机会的差异，要大于城镇不同户籍等级所导致的相应差异。政治资本中来源于组织的再分配权力，对个人获得养老保险具有重要意义，这在国有企业中的作用最为显著。关于人力资本对个人获得养老保险的影响的讨论，教育在其中的作用尤为显著。受教育程度越高，越有助于个人获得养老保险。技术职称中的中低级职称有助于个人获得养老保险，但高级职称的作用并不显著。

政治资本和人力资本对个人养老保险获得的作用还存有城乡差异。对农村居民来说，只有在国有企业中就业，才更有助于个人获得养老保险；对城镇居民来说，只要在公有制单位就业，都能给个人带来更多获

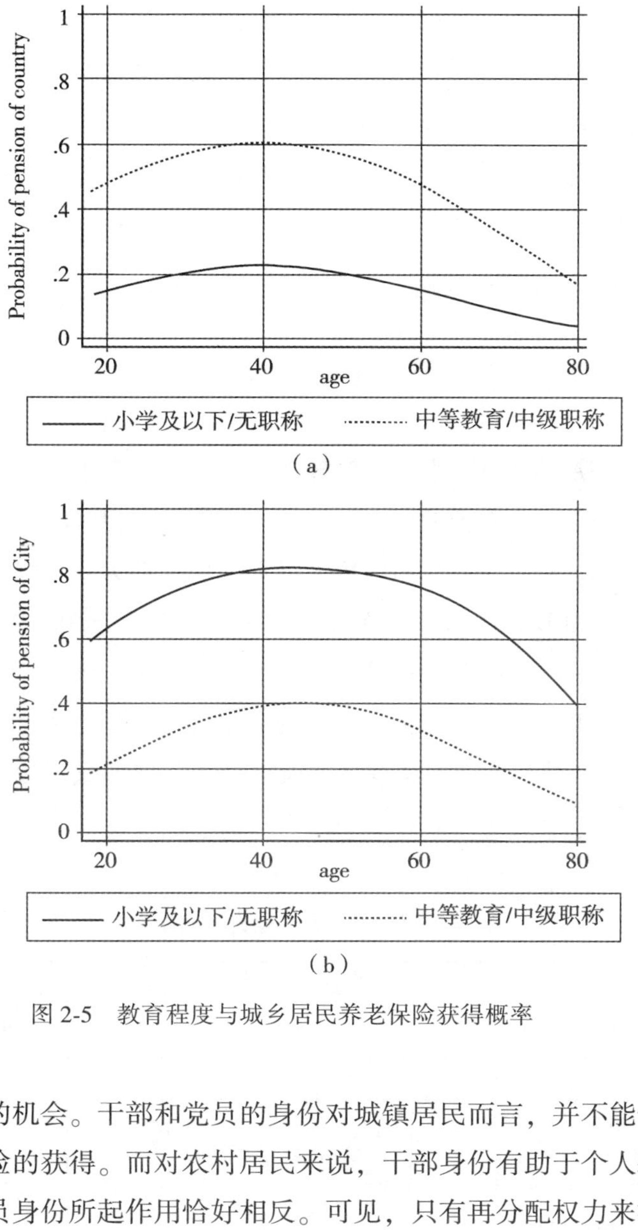

图 2-5　教育程度与城乡居民养老保险获得概率

得养老保险的机会。干部和党员的身份对城镇居民而言，并不能够影响他们养老保险的获得。而对农村居民来说，干部身份有助于个人获得养老保险，党员身份所起作用恰好相反。可见，只有再分配权力来源于组织，才能影响城镇居民养老保险的获得。对农村居民而言，仅有国有企业才能影响其养老保险的获得，但是干部和党员的身份均能给农村居民获得养老保险带来影响。人力资本中的教育对个人获得养老保险的作用方向，在城乡之间并不存在差异，但作用大小存在一定差异。受教育程度提高给农村居民获得养老保险带来的收益，要大于给城镇居民获得养老保险带来的收益。技术职称对城镇居民获得养老保险具有更大的影响。对农村居民来说，中级职称可以给他们获得养老保险带来收益；对城镇居民来说，初级职称对他们获得养老保险具有更大影响。

(三)医疗保险城乡差异

1. 模型拟合优度评估

总样本量为1753，农业户口样本量为594，非农业户口样本量为1159。模型Logit Ⅶ应用了全部样本，Logit Ⅷ应用了农业户口样本，Lgoit Ⅸ应用了非农业户口样本。三个模型的LR值分别为429.31、96.08和229.27，在各自相应自由度下的概率都为0.000，表示三个模型对数据拟合较好。伪R^2分别为0.2213、0.1175和0.1885。同样，我们还报告了三个模型的正确预测率分别为74.79%、64.98%和82.05%。由于农业户口样本中，就业单位中的党政机关与医疗保险的交互单元格值为0，便于比较，我们没有将就业单位的各取值做虚拟变量处理(见表2-29)。

表2-29 **医疗保险的城乡差异回归结果**

医疗保险	Logit Ⅶ 全样本	Logit Ⅷ 农业户口	Logit Ⅸ 非农业户口
户籍等级(农业户口)			
直辖市城区户口	1.097*** (0.247)		0.617+ (0.364)
省会城市城区户口	0.912*** (0.207)		0.434 (0.335)
地级市城区户口	0.646*** (0.170)		0.131 (0.313)

续表

医疗保险	Logit Ⅶ	Logit Ⅷ	Logit Ⅸ
	全样本	农业户口	非农业户口
县级市城区户口	0.210 (0.189)		−0.287 (0.324)
集镇或自理口粮户口	0.509⁺ (0.293)		0.000 (.)
就业单位	0.680*** (0.071)	0.489*** (0.109)	0.816*** (0.096)
职务	0.152 (0.156)	0.351 (0.253)	0.058 (0.201)
政治面貌	−0.039 (0.199)	0.012 (0.365)	−0.082 (0.246)
受教育程度(小学及以下)			
初中教育	0.324 (0.209)	0.137 (0.269)	0.469 (0.343)
中等教育	0.812*** (0.211)	0.654* (0.279)	1.006** (0.338)
高等教育	1.599*** (0.258)	1.462*** (0.432)	1.913*** (0.375)
技术职称(无技术职称)			
高级职称	0.938* (0.401)	0.424 (0.693)	1.029* (0.519)
中级职称	1.169*** (0.273)	1.893** (0.618)	0.881** (0.312)
初级职称	0.765*** (0.213)	0.922** (0.340)	0.607* (0.272)
年龄	0.058⁺ (0.030)	0.111* (0.051)	0.067 (0.042)
年龄平方	−0.001⁺ (0.000)	−0.002* (0.001)	−0.001 (0.001)
性别(男性)	−0.038 (0.125)	−0.068 (0.192)	0.058 (0.167)

续表

医疗保险	Logit Ⅶ	Logit Ⅷ	Logit Ⅸ
	全样本	农业户口	非农业户口
Cons	-3.006*** (0.614)	-3.236** (0.986)	-3.352*** (0.928)
N	1753	594	1159
Pseudo R^2	0.2213	0.1175	0.1885
LR Chi2	429.31	96.08	229.27
Prob>LR	0.000	0.000	0.000
Correctly classified	74.79%	64.98%	82.05%

Standard errors in parentheses, $^{+}p < 0.10$, $^{*}p < 0.05$, $^{**}p < 0.01$, $^{***}p < 0.001$

2. 医疗保险获得在户籍等级上的差异

在全样本的回归模型中，相比农业户口类别，地市级城区及以上户口类别具有更多获得医疗保险的机会。但是在只有非农业户口的模型中，在0.05的显著水平上，户籍等级对医疗保险获得并不存在有意义的差异。这说明，户籍等级对居民获得医疗保险的影响主要表现在城乡之间，对城镇居民内部医疗保险的获得并没有产生影响。

基于全样本的模型Logit Ⅶ，我们描绘出农业户口、地级市城区户口和直辖市城区户口三条概率曲线，用以说明三个不同户口性质群体的医疗保险获得概率随年龄增长的变化(见图2-6)。位于底部的曲线是农业户口，中间曲线是地级市城区户口，最上面曲线是直辖市城区户口，三条曲线清晰展示了三个户籍等级在获得医疗保险随年龄变化的概率差异。

3. 政治资本和城乡医疗保险

就业单位对个人医疗保险的获得，在三个模型中都有显著性影响。在全样本模型中，就业单位的取值每增加一个单位，个人获得医疗保险的比率会增加97.45%。就业单位对城镇居民获得医疗保险的作用，要大于对农村居民获得医疗保险的作用。对城镇居民来说，就业单位每增

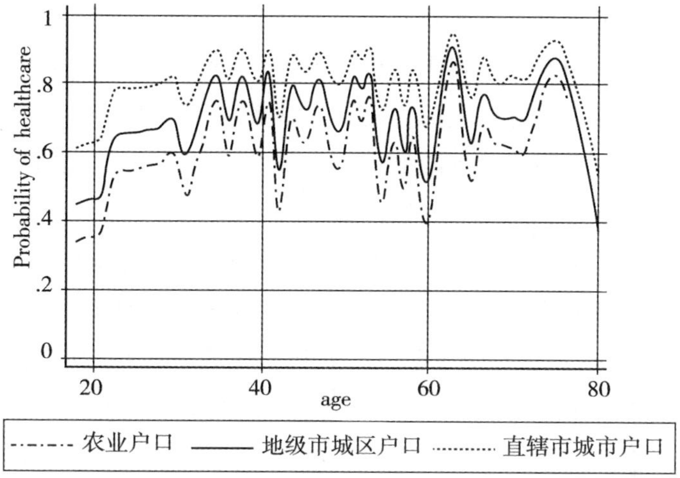

图 2-6 户籍等级与医疗保险获得概率

加一个单位，居民获得医疗保险的比率会增加 126%；对农村居民来说，就业单位每增加一个单位，个人获得医疗保险的比率会增加 163%。是否是干部和党员，对城乡居民获得医疗保险来说并不具有显著性意义。

4. 人力资本和城乡医疗保险

受教育程度的各类虚拟变量在三个模型中的表现一致，初中与小学及以下教育程度，对城乡居民获得医疗保险均没有显著性意义；而中等教育和高等教育相比小学及以下教育程度，能增加城乡居民获得医疗保险的比率。对农村居民来说，受过中等教育的个人获得医疗保险的比率是受过小学及以下教育的个人相应比率的 1.9225 倍，受过高等教育的个人获得医疗保险的比率是受过小学及以下教育的个人相应比率的 4.3148 倍。对城镇居民来说，受过中等教育的个人获得医疗保险的比率是受过小学及以下教育的个人相应比率的 2.7346 倍，受过高等教育的个人获得医疗保险的比率是受过小学及以下教育的个人相应比率的 6.7733 倍。可见，受教育程度提高对城镇居民获得医疗保险的影响，要大于其对农村居民获得医疗保险的影响。

技术职称的各分类虚拟变量中，只有高级职称在农业户口模型中的回归系数没有显著性，其余均有统计显著性。总体上，相比无技术职称的个人，具有初级及以上技术职称都有利于个人获得医疗保险。但是技术职称对个人获得医疗保险的作用，在城乡之间存在差异。初中级技术职称对农村居民获得医疗保险的作用，要大于对城镇居民获得医疗保险的作用，而高级职称则对城镇居民获得医疗保险具有更大的作用。在控制其他协变量不变的情况下，具有初级职称的农村居民获得医疗保险的比率是无技术职称农村居民相应比率的 2. 5148 倍，城镇居民中相应的倍数是 1. 8350 倍；具有中级职称的农村居民获得医疗保险的比率是无技术职称农村居民相应比率的 6. 6384 倍，城镇居民中相应的倍数是 2. 4137。

基于模型 Logit Ⅷ和 Logit Ⅸ，我们分别绘出农业户口(图 2-7(a))与非农业户口(图 2-7(b))在私营单位就业的非党员，分别受过中等教育和小学及以下教育的，具有初级技术职称和无技术职称的，随年龄变化获得养老保险概率的变化曲线图。图中多人力资本曲线代表的是受过中等教育和具有初级技术职称，少人力资本曲线代表的是小学及以下教育程度且无技术职称。图 2-7 展示了人力资本差异对城乡居民获得医疗保险概率的影响随年龄而变化的趋势。控制其他协变量后，更多的人力资本有利于城乡居民个人获得医疗保险。但在农村居民中，人力资本所导致的医疗保险获得的概率差异，有随年龄增长而收缩的趋势；在城镇居民中，因人力资本所导致的医疗保险获得的概率差异，并没有随年龄增长而缩小。

图 2-7 也反映出年龄对城乡居民获得医疗保险的影响。农村居民获得医疗保险的概率一开始会随年龄增长而加大，但是到约 40 岁后，年龄增长会减小他们获得医疗保险的概率。但年龄增长对城镇居民获得医疗保险并没有显著性影响，年龄平方的回归系数在模型 Logit Ⅸ中不具有显著性意义。

依据上述讨论，我们可以归纳出城乡医疗保险获得的异同之处。户籍等级对医疗保险获得的影响只在城乡之间存在差异，城镇居民具

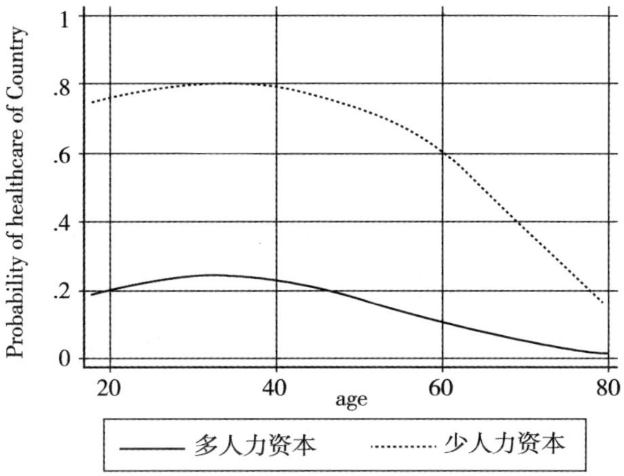

（a）

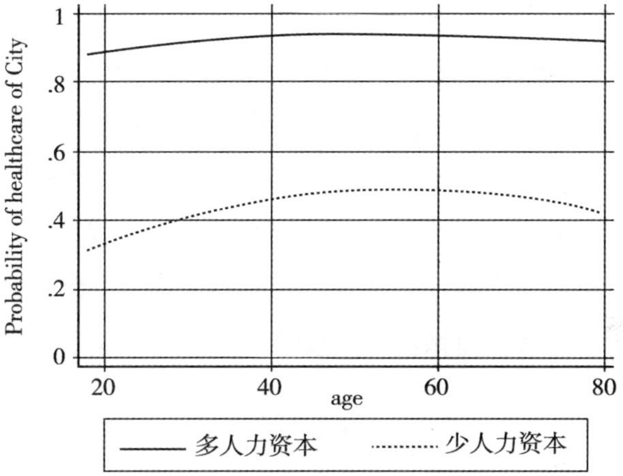

（b）

图 2-7　人力资本和医疗保险获得概率

有更多机会获得医疗保险。但是城镇居民内部不同的户籍等级对他们获得医疗保险的机会并没有影响，即集镇或自理口粮以上户籍类别相对集镇户籍，在医疗保险获得上并没有显著性优势。政治资本只在组织层面的再分配权力上，对城乡居民获得医疗保险具有作用，而且对城镇居民的影响要大于对农村居民的影响。个人属性的政治资本对城乡居民获得医疗保险并无效用。受教育程度和技术职称等人力资本都能影响城乡居民获得医疗保险的机会。受教育程度在初中及以上，才能影响城乡居民医疗保险获得的机会，相比农村居民，受教育程度的提高给城镇居民带来更多机会获得医疗保险。技术职称对城乡居民获得医疗保险有显著性影响，中级职称最有利于农村居民获得医疗保险，高级职称则最有利于城镇居民获得医疗保险。年龄对农村居民医疗保险获得的影响呈倒U形曲线，在40岁之后，年龄增长会给农村居民医疗保险获得的机会带来负面影响；但年龄对城镇居民医疗保险获得的机会没有显著性影响。

(四)失业保险的城乡差异

1. 模型拟合优度评估

三个模型的LR值分别为315.14、71.87和159.71，在各自相应自由度下的概率都为0.000，表示三个模型对数据拟合较好。伪 R^2 分别为0.1380、0.1304和0.1001。同样，我们还报告了三个模型的正确预测率分别为70.51%、83.05%和66.35%。由于农业户口样本中，就业单位中的党政机关与失业保险的交互单元格值为0，为便于比较，我们没有将就业单位的各取值做虚拟变量处理(见表2-30)。

表2-30　　**失业保险城乡差异的回归结果**

失业保险	Logit Ⅹ	Logit Ⅺ	Logit Ⅻ
	全样本	农业户口	非农业户口
户籍等级(农业户口)			
直辖市城区户口	1.692***		1.142***
	(0.204)		(0.315)
省会城市城区户口	0.919***		0.370
	(0.181)		(0.299)
地级市城区户口	0.629***		0.023
	(0.165)		(0.290)

续表

失业保险	Logit Ⅹ	Logit Ⅺ	Logit Ⅻ
	全样本	农业户口	非农业户口
县级市城区户口	0.291 (0.191)		−0.308 (0.306)
集镇或自理口粮户口	0.554+ (0.291)		0.000 (.)
就业单位	0.303*** (0.061)	0.005 (0.143)	0.425*** (0.072)
职务	0.033 (0.135)	0.625* (0.296)	−0.056 (0.153)
政治面貌	−0.376* (0.158)	−2.572*** (0.768)	−0.186 (0.173)
受教育程度(小学及以下)			
初中教育	0.292 (0.267)	0.816+ (0.488)	−0.225 (0.349)
中等教育	1.096*** (0.258)	2.219*** (0.473)	0.300 (0.333)
高等教育	1.315*** (0.280)	2.241*** (0.573)	0.640+ (0.349)
技术职称(无技术职称)			
高级职称	0.596* (0.278)	−0.836 (0.847)	0.773* (0.307)
中级职称	0.347* (0.173)	−1.094+ (0.614)	0.500** (0.190)
初级职称	0.484** (0.172)	0.414 (0.384)	0.535** (0.197)
年龄	0.081** (0.031)	0.001 (0.066)	0.105** (0.038)
年龄平方	−0.001* (0.000)	0.000 (0.001)	−0.001** (0.000)
性别(男性)	0.170 (0.116)	0.255 (0.252)	0.173 (0.133)

续表

失业保险	Logit Ⅹ	Logit Ⅺ	Logit Ⅻ
	全样本	农业户口	非农业户口
Cons	-4.415*** (0.652)	-3.566** (1.288)	-3.819*** (0.848)
N	1753	594	1159
Pseudo R^2	0.1380	0.1304	0.1001
LR Chi2	315.14	71.87	159.71
Prob>LR	0.000	0.000	0.000
Correctly classified	70.51%	83.50%	66.35%

Standard errors in parentheses, $^{+}p < 0.10$, $^{*}p < 0.05$, $^{**}p < 0.01$, $^{***}p < 0.001$

2. 失业保险获得与户籍等级差异

户籍等级只有在地级市城区户口及以上，才与农业户口类别在失业保险获得上有显著性差异，县级市城区户口和集镇或自理口粮户口类别与农业户口类别在失业保险获得上并无显著性差异。对城镇居民来说，只有直辖市城区户口才与集镇或自理口粮户口在失业保险获得上存在显著性差异。在控制其他协变量不变的情况下，拥有直辖市城区户口的个人获得失业保险的比率是集镇或自理口粮户口相应比率的3.1333倍。

3. 政治资本和城乡失业保险差异

就业单位在模型LogitⅫ中的回归系数是正向，且具有统计显著性，而模型LogitⅪ中其回归系数并不具有统计显著性。这表明，就业单位对农村居民获得失业保险并没有显著性影响，但对城镇居民获得失业保险具有显著性影响。在控制其他协变量不变的情况下，就业单位变动一个单位能将城镇居民获得失业保险的比率提升52.9%。干部的身份有助于农村居民获得失业保险。在控制其他协变量不变的情况下，干部获得失业保险的比率是非干部相应比率的1.8674倍。而党员的身份给农村居民获得失业保险带来负向影响。非党员比党员有更多机会获得失业保险。干部和党员身份对城镇居民获得失业保险没有显著性影响。

4. 人力资本和城乡失业保险的差异

受教育程度和技术职称对城乡居民获得失业保险的影响恰好相反。受教育程度对农村居民获得失业保险在0.1的水平上都有显著性影响，但对城镇居民获得失业保险并无显著性影响；在0.05的显著度水平上，技术职称对城镇居民获得失业保险都有影响，但对农村居民没有显著性影响。具体来说，在控制其他协变量不变的情况下，对农村居民来说，受初中教育的个人获得失业保险的比率是小学及以下教育程度的个人相应比率的2.2604倍，受中等教育的个人获得失业保险的比率是小学及以下教育程度的个人相应比率的9.2006倍，受高等教育的个人获得失业保险的比率是小学及以下教育程度的个人相应比率的9.4036倍；对城镇居民来说，初级、中级和高级技术职称相比无技术职称，能给个人获得失业保险的比率分别带来70.75%、64.93%和117%的增长。

在其他变量值给定的情况下，我们描绘了受高等教育和小学及以下教育的两类农村居民获得失业保险的概率差异随年龄增长而变化的曲线图(图2-8(a))。曲线图显示，分别受高等教育和小学及以下教育的个人获得失业保险的概率差异将会随年龄增长而加大。同样，在其他变量值给定的情况下，我们描绘了具有高级技术职称和无技术职称的两类城镇居民获得失业保险的概率差异随年龄增长而变化的曲线图(2-8(b))。但由于年龄增长对城镇居民失业保险获得并无显著性影响，所以曲线图仅能显示两种技术职称对城镇居民获得失业保险概率方面存在差异，高级职称有利于城镇居民获得失业保险。

上述讨论表明，政治资本和人力资本对个人失业保险获得具有显著性作用，但其作用在城乡之间存在差异。户籍等级对城乡居民获得失业保险的影响，主要表现在农业户口和县级以上的非农业户口，城镇居民拥有不同等级的户籍并不影响其失业保险的获得。就业单位只对城镇居民获得失业保险有影响，对农村居民获得失业保险则没有作用。干部和党员身份影响农村居民失业保险的获得，但对城镇居民没有作用。农村居民中的干部有更多机会获得失业保险，但党员身份却减少了获得失业保险的机会。受教育程度和技术职称对城乡居民获得失业保险的影响恰

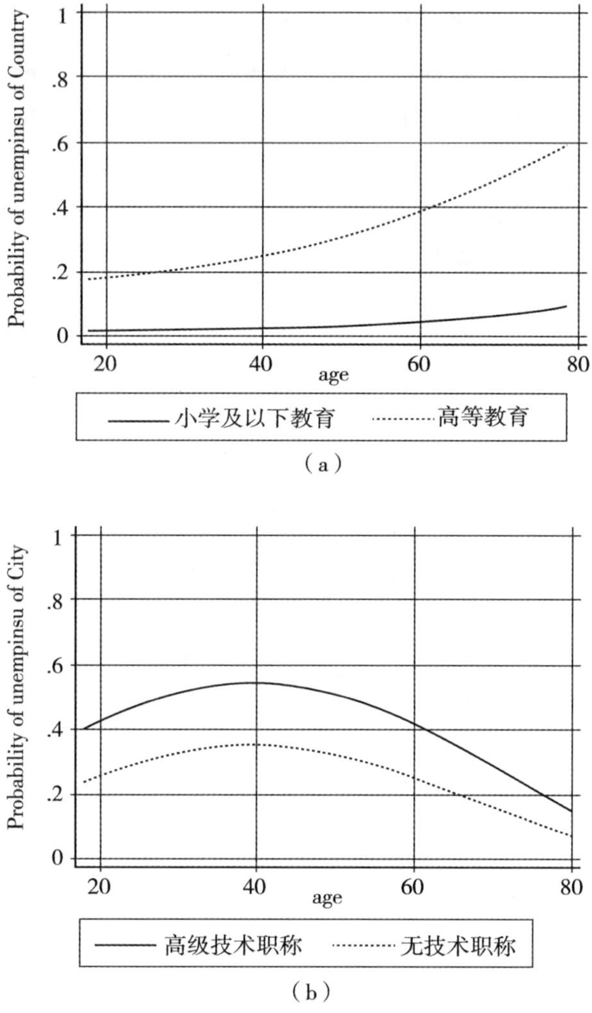

图 2-8　受教育程度与失业保险获得概率

好相反。受教育程度影响了农村居民失业保险的获得，但并不对城镇居民获得失业保险产生作用。对农村居民来说，个人受教育程度越高，则其获得失业保险的机会越大，且随年龄增长而变大。技术职称则只对城镇居民获得失业保险产生影响。个人技术职称等级越高，城镇居民获得失业保险的机会越大。

本章小结

本章讨论的核心问题是社会保障再分配城乡分化的机制。依据市场转型理论的两个经典命题——政治资本和人力资本，本章分析了政治资本和人力资本对城乡居民获得社会保障的作用。分析主要从两个方面展开：三大社会保险总覆盖率的城乡差异和各自覆盖率的城乡差异。

户籍等级是影响城乡居民获得社会保障的一个重要因素。户籍等级越高，城乡居民获得更多社会保障的机会越大，这与陆益龙的研究结论相同。而且户籍等级所导致的城乡居民之间在社会保障上的分化，要大于户籍等级所导致的城镇居民内部的社会保障分化。政治资本中，就业单位对城乡居民的社会保障收益具有正向影响，而干部与党员的身份并不影响其社会保障获得。但是政治资本对社会保障获得的影响存在城乡差异。就业单位对城镇居民社会保障收益，相比对农村居民，具有更大影响。干部和党员身份只对农村居民社会保障收益发生作用，对城镇居民的社会保障收益并没有影响。而且，政治资本对社会保障收益的影响，对城镇居民来说，更多的是通过组织层面来发挥作用。人力资本的多寡与城乡居民社会保障收益的多寡直接相关。受教育程度越高，城乡居民的社会保障收益越多。相比城镇居民，教育对农村居民的社会保障收益具有更大影响。技术职称则仅对城镇居民获得社会保障收益具有影响。

政治资本和人力资本对个人社会保障收益的作用机制存在城乡差异，其对各个不同社会保险项目个人获得的作用机制也不尽相同，同时在每一具体社会保险个人获得的作用机制上还存在城乡差异。相比个人养老保险和医疗保险的获得，户籍等级对个人获得失业保险的影响更大。在三大社会保险的获得中，就业单位对个人获得医疗保险的相对作用最大。政治面貌则仅对个人获得失业保险有负面影响。受教育程度对个人获得养老保险的相对作用最大，其次是对个人医疗保险和失业保险的获得。技术职称则对个人获得医疗保险的相对作用最大，其次是对个人养老保险和失业保险的获得。

户籍性质影响了个人三大社会保险的获得。城市居民相对农村居民，在获得三大社会保险上具有更大优势。但是医疗保险和失业保险的个人获得在城镇居民内部并不存在户籍等级上的差异，只有养老保险的获得不仅存在城乡差异，还存在户籍等级上的差异，即户籍等级越高，个人获得养老保险的机会越大。政治资本和人力资本对个人获得三大社会保险影响的城乡差异见表2-31，表中“+”表示正向影响，“-”表示负向影响，括号中“更大作用”是就城乡比较而言，括号中变量表示仅有该变量具有显著性影响。

表2-31　**人力资本、政治资本与三大社会保险的作用机制**

两种资本		养老保险		医疗保险		失业保险	
		农业户口	非农业户口	农业户口	非农业户口	农业户口	非农业户口
政治	就业单位	+(仅国有企业)	+	+	+(更大的作用)	+	无
	干部	+	无	无	无	+	无
	党员	无	-	无	无	-	无
人力	教育程度	+(更大作用)	+	+	+(初中及以上)	+	无
	技术职称	+(中级)	+(初级)	+(中级)	+(高级)	无	+

第三章　社会保障的差序格局之单位差别

市场转型不仅导致中国经济结构发生变化——从计划经济体制下的单一公有经济转向公有经济与私有经济并存的混合经济结构，同时也引起社会保障制度的变革。但相比经济体制的转轨，社会保障制度作为经济体制改革的配套制度，表现出一定的滞后性。截至 2008 年，中国社会保障制度仍表现出城乡分离和单位有别的特点。前一章，我们讨论了城乡居民社会保障的差异，并在市场转型理论的框架下，分析了政治资本和人力资本对城乡居民获得社会保障的影响及其影响力的差异。本章将分析的重点转向公私单位的社会保障差异，尽力廓清公私单位社会保障获得机制的差异。

第一节　社会保障单位差别的描述分析

一、社会保障与公私单位

私有单位、公有单位与社会保险得分二维列联表(表 3-1)统计结果显示，就业单位与社会保险的获得之间存在显著相关性。具体来说，私有单位无任何社会保险的相对比例最高，而党政机关相应的比例最低。获得一项社会保险、两项社会保险及三项社会保险的相对比例，私有单位均为最低；其中，党政机关获得一项和两项社会保险的相对比例最高，国有企业获得三项社会保险的相对比例最高。从总体上来说，相比私有单位就业者，公有单位就业者获得更多社会保障的机会更大。

表 3-1　　　　　　　　**单位类型与社会保险**

社会保险	私有单位（%）	公有单位（%）			总计（%）
		事业单位	国有企业	党政机关	
无任何	47. 33	13. 88	14. 60	5. 81	29. 78
有一项	6. 88	8. 20	8. 48	22. 09	8. 33
有两项	23. 96	35. 33	29. 59	37. 21	28. 29
有三项	21. 83	42. 59	47. 34	34. 88	33. 60
总计	100	100	100	100	100
Pearson　chi2（9）= 276. 4　Pr = 0. 000					

二、政治资本与公私单位的社会保险

在政治资本中，非自致性的变量有单位类型和单位规模。根据表3-1，我们可以计算出公私单位各自无任何社会保险的比率比（odds ratio，OR），其值是 5. 513。该值表示，私有单位的就业者相比公有单位的就业者，不被任何社会保险所覆盖的概率更高。同样，我们也能计算出私有单位与公有单位获得三项社会保险的 OR 值，其值是 0. 360。该值意味着私有单位的就业者相比公有单位的就业者，被三项社会保险所覆盖的概率要小。进一步分析公有各单位社会保险项目的差异，我们发现，国有企业的就业者不被任何社会保险所覆盖的相应比例最高，为14. 60%；党政机关就业者的相应比例最低，为 5. 81%；党政机关就业者被两项社会保险所覆盖的相对比例最高，为 37. 21%，国有企业就业者的相应比例为 29. 59%。因此，不仅公私单位之间因是否拥有再分配权力而存在社会保障差异，并且在公有各单位之间也因拥有的再分配权力的大小而存在社会保障差异，这与第二章的研究假设 6 与 9 相符。

管理者身份影响了私有单位就业者社会保险的获得，而对公有单位就业者社会保险的获得并无显著性影响。在私有单位中，管理者不被任何社会保险所覆盖的相对比例低于非管理者，享有一项及以上社会保险的相对比例又高于非管理者。在私有单位中，非管理者与管理者不被社会保险所覆盖的 OR 值是 2. 94，非管理者与管理者享有三项社会保险的 OR 值是 0. 469。这里的 OR 值表明，私有单位中管理者的身份能增加其社会保险获得的概率。具体见表 3-2。

表 3-2 **单位类型、身份与社会保险**

社会保险	公有单位(%)		私有单位(%)	
	非管理者	管理者	非管理者	管理者
无	15. 83	11. 11	53. 50	28. 13
一项	9. 830	10. 21	6. 370	6. 770
两项	31. 50	33. 03	21. 50	32. 29
三项	42. 83	45. 65	18. 63	32. 81
总计	100	100	100	100
	Pearson chi2(3) = 3. 949 Pr = 0. 267		Pearson chi2(3) = 40. 55 Pr = 0. 000	

为了探析管理者身份对社会保险获得的影响是否在公有单位中存在差异，我们比较了党政机关、国有企业和事业单位中，管理者与非管理者社会保险覆盖的相应比例。比较发现，党政机关与国有企业两种单位中，管理者身份并不影响个人社会保险的获得；只有在事业单位中，管理者的身份才对个人社会保险的获得具有显著性影响(在 0. 05 的显著度水平下)。事业单位的管理者中，有 9. 27%的人不被任何社会保险所覆盖，而非管理者中则有 16. 85%的人不被任何社会保险所覆盖；获得三项社会保险的比例，管理者中有 56. 29%，非管理者中只有 43. 54%。具体见表 3-3。

表 3-3　　**公有单位、身份与社会保险**

社会保险	党政机关(%)		国有企业(%)		事业单位(%)	
	非管理者	管理者	非管理者	管理者	非管理者	管理者
无	8. 890	2. 440	13. 83	13. 95	16. 85	9. 270
一项	26. 67	17. 07	6. 380	10. 85	9. 550	5. 960
两项	31. 11	43. 90	35. 64	34. 88	30. 06	28. 48
三项	33. 33	36. 59	44. 15	40. 31	43. 54	56. 29
总计	100	100	100	100	100	100
	Pearson chi2(3)= 3. 437 Pr=0. 329		Pearson chi2(3)= 2. 141 Pr=0. 544		Pearson chi2(3)= 9. 520 Pr=0. 0230	

政治面貌并不对公私单位社会保险的覆盖产生影响(见表 3-4)。在公有各单位中，政治面貌只对事业单位社会保险的覆盖在 p 值为 0. 05 时统计性显著(见表 3-5)。

表 3-4　　**单位类型、政治面貌与社会保险**

社会保险	公有部门(%)		私有部门(%)	
	非党员	党员	非党员	党员
无	15. 26	11. 24	48. 18	38. 46
一项	9. 330	11. 63	6. 510	5. 770
两项	31. 70	32. 95	23. 57	30. 77
三项	43. 70	44. 19	21. 74	25
总计	100	100	100	100
	Pearson chi2(3)= 3. 217 Pr=0. 359		Pearson chi2(3)= 2. 294 Pr=0. 514	

表 3-5　　　　**公有单位、政治面貌与社会保险**

社会保险	党政机关(%)		国有企业(%)		事业单位(%)	
	非党员	党员	非党员	党员	非党员	党员
无	3.850	6.670	15.07	11.22	15.87	8.790
一项	23.08	21.67	7.760	9.180	8.890	6.590
两项	26.92	41.67	34.25	37.76	30.77	24.18
三项	46.15	30	42.92	41.84	44.47	60.44
总计	100	100	100	100	100	100
	Pearson chi2(3)=2.681 Pr=0.443		Pearson chi2(3)=1.142 Pr=0.767		Pearson chi2(3)=8.145 Pr=0.0430	

政治资本各变量中，只有单位类型才影响劳动者社会保险的获得，这表明政治资本对劳动者社会保险的影响主要表现在组织层面。

三、人力资本与公私单位的社会保险

人力资本通过两个变量来测量：受教育程度与技术职称。受教育程度对个人社会保险获得的作用，在上一章我们已讨论过。现在我们关注的是，受教育程度对个人社会保险获得的影响，在公私单位之间是否存在差异。公有单位中各类教育程度的个人不被任何社会保险所覆盖的比例，均低于私有单位中相应的比例；初中和小学及以下教育程度的个人，其社会保险获得的相对比例又高于私有单位中相应的比例。依据公私单位就业者的受教育程度与社会保险获得的交互表(表 3-6)，我们可以计算出各单位各类教育程度与社会保险获得的 OR 值。在公有单位中，受教育程度为小学及以下的就业者与受过初中教育的就业者不被任何社会保险所覆盖的 OR 值是 2.01；私有单位中相应的 OR 值是 1.758。在公有单位中，受教育程度相邻的就业者，低一级与高一级的相比，没有任何社会保险的 OR 值分别是 2.01、1.362、4.093；私有单位相应的

OR 值为 1.758、2.086、2.131。在公有单位中，受教育程度相邻的就业者，低一级与高一级的相比，享有三项社会保险的 OR 值分别为 0.305、0.621、0.704。私有单位中相应的 OR 值分别为 0.698、0.252、0.562。通过比较公私单位中各类教育程度的个人不被任何社会保险所覆盖的 OR 值，以及其共获得三项社会保险的 OR 值，我们可以发现，相比私有单位，公有单位中受教育程度低的就业者相比更高受教育程度的就业者，更易于不被任何社会保险所覆盖；相比公有单位，在私有单位中受教育程度提高，更有利于个人获得三项社会保险。因此，从总体上来看，受教育程度对个人社会保险获得的影响，在私有单位中，表现得更为显著。

表 3-6　　　　**单位类型、受教育程度与社会保险**

单位类型及受教育程度		社会保险(%)				
		无	一项	二项	三项	总计
公有单位	小学及以下	34.92	19.05	20.63	25.40	100
	初中	21.11	20.56	25.56	32.78	100
	中等教育	16.42	5.280	34.31	43.99	100
	高等教育	4.580	7.450	35.24	52.72	100
Pearson　chi2(9) = 107.2　Pr = 0.000						
私有单位	小学及以下	72.82	5.830	15.53	5.830	100
	初中	60.38	8.850	21.92	8.850	100
	中等教育	42.22	7.040	22.96	27.78	100
	高等教育	23.53	2.670	33.16	40.64	100
Pearson　chi2(9) = 130.4　Pr = 0.000						

在公有单位各单位中，受教育程度对各单位的就业者获得社会保险都有显著性影响，但受教育程度的各类别在不同的公有单位中，对个人社会保险的获得具有不同的影响。相比就业于国有企业和事业单

位，小学及以下、初中教育程度的个人就业于党政机关而不被任何社会保险所覆盖的相对比例更低。在党政机关中受过中等教育的个人获得三项社会保险的比例最高；而在国有企业和事业单位中，受过高等教育的个人获得三项社会保险的比例最高。相比党政机关，在国有企业和事业单位中受教育程度的提高对个人社会保险的获得具有更大影响。具体见表 3-7。

表 3-7　　　　**公有单位类型、受教育程度与社会保险**

公有单位类型及受教育程度		社会保险(%)				
		无	一项	二项	三项	总计
党政机关	小学及以下	0	33. 33	66. 67	0	100
	初中	11. 11	50	22. 22	16. 67	100
	中等教育	14. 29	9. 520	23. 81	52. 38	100
	高等教育	0	14. 63	46. 34	39. 02	100
Pearson　chi2(9) = 25. 68　Pr = 0. 002						
国有企业	小学及以下	38. 46	20. 51	15. 38	25. 64	100
	初中	20. 83	17. 50	25. 83	35. 83	100
	中等教育	12. 38	3. 810	35. 71	48. 10	100
	高等教育	5. 800	4. 350	27. 54	62. 32	100
Pearson　chi2(9) = 72. 69　Pr = 0. 000						
事业单位	小学及以下	41. 18	11. 76	17. 65	29. 41	100
	初中	28. 13	6. 250	28. 13	37. 50	100
	中等教育	20. 39	7. 770	35. 92	35. 92	100
	高等教育	4. 240	8. 480	38. 18	49. 09	100
Pearson　chi2(9) = 34. 41　Pr = 0. 000						

比较受教育程度在国有企业和事业单位中对个人社会保险获得的影

响，我们发现，国有企业中受过小学及以下、初中教育的个人不被任何社会保险所覆盖的相对比例，要低于事业单位中相应的比例；而受过中等教育和高等教育的个人获得三项社会保险的相对比例，又高于事业单位中相应的比例。相比事业单位，国有企业既给予受教育程度低的就业者更多社会保险，又给予受教育程度高的就业者更多社会保险。这可能与国有企业改制相关，改制之前国有企业单位制保障的历史影响了改制之后国有企业的社会保障制度，导致改制后国有企业中国家—单位保障制度和国家—社会保障制度并存。两种保障制度的并存影响了受教育程度对国有企业中就业者社会保险获得的作用。

在公私单位中，技术职称对就业者社会保险的获得均具有显著性影响，但技术职称对社会保险获得的影响在公私单位中存在差异。在私有单位中，从无职称到高级职称的各类群体中，不被任何社会保险所覆盖的相对比例随技术职称的提升而降低；但在公有单位中，除无职称外，技术职称的提升反而增加了各职称群体中不被任何社会保险所覆盖的相对比例。在公有单位中，初级职称群体中获得一项以上社会保险的相对比例最大，高于公有单位中其他职称群体相应的比例；而在私有单位中，中级职称群体中获得一项以上社会保险的相对比例最大，高于私有单位中其他职称群体相应的比例。依据技术职称与社会保险的交互表(表 3-8)，我们计算了公私单位各自无职称和初级职称群体在社会保险各项取值的 OR 值。公有单位无职称和初级职称群体从无社会保险到三项社会保险的 OR 值分别为 16. 494、2. 098、0. 857、0. 422，私有单位中相应的 OR 值分别为 1. 375、1. 272、0. 846、0. 707。我们还计算了公私各单位初级职称和中级职称群体在社会保险各项取值的 OR 值。公有单位初级职称和中级职称群体从无社会保险到三项社会保险的 OR 值分别为 0. 481、0. 780、0. 947、1. 200，私有单位相应的 OR 值分别为 3. 358、0. 600、0. 492、0. 747。比较上述 OR 值的大小，可知公有单位中技术职称对个人社会保险获得的作用，要大于私有单位中技术职称对个人社会保险获得的作用。

表 3-8 **单位类型、技术等级与社会保险**

单位类型及技术等级		社会保险(%) 无	一项	二项	三项	总计
公有部门	高级职称	8.930	12.50	21.43	57.14	100
	中级职称	3.370	7.300	35.96	53.37	100
	初级职称	1.650	5.790	34.71	57.85	100
	无职称	20.59	11.42	31.31	36.68	100
Pearson chi2(9)= 72.28 Pr=0.000						
私有部门	高级职称	13.33	13.33	40	33.33	100
	中级职称	18.37	8.160	40.82	32.65	100
	初级职称	43.04	5.060	25.32	26.58	100
	无职称	50.96	6.350	22.30	20.38	100
Pearson chi2(9)= 29.23 Pr=0.001						

现在我们进一步比较在各公有单位之中技术等级对个人社会保险获得的影响。各公有单位中技术等级与社会保险的交互表(表 3-9)显示，党政机关中技术职称与社会保险之间并不相关，但国有企业和事业单位中技术职称的高低影响了个人社会保险的获得。同样依据表 3-9，我们分别计算了国有企业和事业单位中中级职称和高级职称在社会保险各项取值的 OR 值。事业单位中，中级职称与高级职称群体从无社会保险到三项社会保险的 OR 值分别为 0.256、0.362、1.812、1.247，国有企业中相应的 OR 值分别为 0.531、1.402、2.016、0.642。比较以上 OR 值，我们发现，两种单位相应的 OR 值在各职称类别上参差不一，难以确定技术职称对社会保险获得的影响在两种单位之间的差异，需要通过进一步的回归分析来确定。

表 3-9 **公有单位类型、技术等级与社会保险**

公有单位类型及技术等级		社会保险(%)				
		无	一项	二项	三项	总计
党政机关	高级职称	0	0	0	100	100
	中级职称	0	15.38	53.85	30.77	100
	初级职称	0	15.38	23.08	61.54	100
	无职称	8.470	25.42	37.29	28.81	100
Pearson chi2(9) = 9.921 Pr = 0.357						
国有企业	高级职称	8.330	4.170	16.67	70.83	100
	中级职称	4.600	5.750	28.74	60.92	100
	初级职称	1.850	0	29.63	68.52	100
	无职称	19.59	10.82	30.70	38.89	100
Pearson chi2(9) = 44.52 Pr = 0.000						
事业单位	高级职称	9.680	19.35	25.81	45.16	100
	中级职称	2.670	8	38.67	50.67	100
	初级职称	1.850	9.260	42.59	46.30	100
	无职称	24.20	5.730	33.12	36.94	100
Pearson chi2(9) = 35.42 Pr = 0.000						

第二节 社会保障公私单位差别的回归分析

定序逻辑斯蒂回归模型中的因变量是享有的“社会保险”，自变量从户籍等级到就业单位一共 10 个，其中单位规模对数、年龄和年龄平方等为连续变量，其余皆为定序或定类变量。在剔除变量缺失值之后，共有 1737 个样本进入回归分析。具体见表 3-10。

表 3-10　　　　**变量描述**

变量	Obs	Mean	Std. Dev.	Min	Max
社会保险	1737	1.657	1.221	0	3
就业单位	1737	1.911	0.979	1	4
单位规模对数	1737	4.934	2.161	0	11.51
职务	1737	0.301	0.459	0	1
政治面貌	1737	0.178	0.383	0	1
受教育程度	1737	2.869	0.958	1	4
技术职称	1737	3.501	0.870	1	4
年龄	1737	36.58	11.07	18	80
年龄平方	1737	1461	894.4	324	6400
性别	1737	0.607	0.488	0	1
户籍等级	1737	3.865	1.776	1	6

一、模型的拟合优度评估

将“享有社会保险”作为因变量，其余变量作为解释变量，分别放入公私单位各自的定序逻辑斯蒂回归方程后，我们得到回归统计结果，见表 3-11。

表 3-11　　　　**各单位类型社会保险获得的回归结果**

社会保险	模型(1)	模型(2)	模型(3)	模型(4)	模型(5)	模型(6)
	公私单位	私有单位	公有单位	事业单位	国有企业	党政机关
户籍等级	−0.249*** (0.030)	−0.148*** (0.042)	−0.389*** (0.046)	−0.362*** (0.081)	−0.397*** (0.062)	−0.495** (0.192)
就业单位	0.365*** (0.052)		0.222* (0.106)			
单位规模	0.197*** (0.023)	0.280*** (0.036)	0.101** (0.032)	0.179** (0.062)	0.106* (0.044)	0.128 (0.182)

续表

社会保险	模型(1)	模型(2)	模型(3)	模型(4)	模型(5)	模型(6)
	公私单位	私有单位	公有单位	事业单位	国有企业	党政机关
职务	0.118 (0.116)	0.484** (0.173)	−0.195 (0.158)	−0.630* (0.260)	0.040 (0.228)	0.368 (0.522)
政治面貌	−0.203 (0.136)	−0.254 (0.269)	−0.103 (0.166)	−0.084 (0.251)	0.113 (0.277)	−0.792 (0.575)
受教育程度	0.535*** (0.062)	0.675*** (0.091)	0.340*** (0.090)	0.319* (0.158)	0.361** (0.126)	0.267 (0.309)
技术职称	−0.208*** (0.062)	−0.052 (0.107)	−0.317*** (0.081)	−0.210+ (0.127)	−0.417*** (0.119)	−0.374 (0.335)
年龄	0.090*** (0.025)	0.135** (0.045)	0.037 (0.033)	0.128* (0.057)	0.005 (0.045)	−0.207 (0.165)
年龄平方	−0.001*** (0.000)	−0.002* (0.001)	−0.001 (0.000)	−0.002* (0.001)	−0.000 (0.001)	0.002 (0.002)
性别	0.032 (0.098)	−0.149 (0.144)	0.242+ (0.138)	0.018 (0.232)	0.259 (0.185)	1.986** (0.634)
cut1	2.172** (0.663)	4.630*** (1.084)	−1.818+ (1.009)	−0.015 (1.611)	−3.217* (1.329)	−8.915+ (4.625)
cut2	2.673*** (0.664)	4.985*** (1.086)	−1.057 (1.008)	0.677 (1.611)	−2.572+ (1.327)	−6.721 (4.622)
cut3	4.215*** (0.669)	6.377*** (1.094)	0.654 (1.008)	2.505 (1.619)	−0.931 (1.323)	−4.543 (4.577)
N	1737	831	906	316	504	86
R^2	0.1371	0.1140	0.0936	0.0902	0.1071	0.1730

Standard errors in parentheses, + $p < 0.10$, * $p < 0.05$, ** $p < 0.01$, *** $p < 0.001$

结果表明，从整体上看，6个回归方程对数据拟合较好，我们主要关注了模型(2)和模型(3)。在模型(2)中，在迭代开始时，对数似然值是−1008.1119，最终迭代后，对数似然值是−893.14549。因此，$X^2 = -2[-1008.1119-(-893.14549)] = 229.93$。这个卡方值在对应9个自由度时的概率是0.000(Prob>chi2=0.000)。结果表明，回归方程中所纳入的解释变量对因变量有显著影响。模型(2)的伪 R^2 值为 0.1140。在模型(3)中，在迭代开始时，对数似然值是-1105.4732，最终迭代后，对数似然值是-1001.9806。因此，$X^2=-2[-1105.4732-(-1001.9806)]=206.99$。这个卡方值在对应 10 个自由度时的概率是 0.000(Prob>chi2=0.000)。结果表明，回归方程中所纳入的解释变量对因变量有显著影响。模型(3)的伪 R^2 值为 0.0936。

定序逻辑斯蒂回归有个重要假定条件——比率数(平行线)假设，即假设一个自变量对比数的作用在对应的分割间是不变的。通常当解释变量很多，样本量很大或是在连续的解释变量被纳入模型中时，测试所得到的 p 值非常小。对 Ologit 回归后的模型进行 Brant Wald 检验，我们发现，公私单位的 Ologit 模型的比率数假设都没有获得通过，卡方值分别为 46.14 和 42.21，$p=0.000$。具体来说，在公有单位回归模型中，变量“就业单位”没有通过比率数假设检验，卡方值为 13.03；在私有单位回归模型中，变量“年龄”和“年龄平方”没有通过比率数假设检验，卡方值分别为 8.46、9.81。这表明，“就业单位”“年龄”和“年龄平方”三个变量的作用在数据的三个分割间统计上差异显著。尽管比率数假定没有获得通过，但出于简约性的考虑，我们仍选择了常规的定序逻辑斯蒂回归模型①。

二、政治资本、人力资本与公私单位社会保障

1. 政治资本与公私单位社会保险

就业单位用于测量政治资本。私有单位处于市场经济之中，因而相比公有单位，缺乏对再分配权力的占有。在公有单位中，党政机关控制着再分配权力，国有企业控制着国有资产。因而，相对来说，党政机关代表着更多政治资本，其次是国有企业和事业单位。在模型(1)中，就业单位的回归系数为正，且在 0.001 的水平上具有统计显著性。这表

① 关于定序逻辑斯蒂回归模型比率数假设检验没有通过的相关讨论，见上一章，在此不再赘述。

明，在公有单位就业有利于个人社会保障的获得，这证实了研究假设6。在样本为公有单位的模型(3)中，就业单位的回归系数也是正值，且在0.05的水平上具有统计显著性。这表明，不仅公私单位之间存在社会保险的差异，公有各单位之间也存在社会保险的差异。就业于党政机关，相比在国有企业和事业单位中就业，更有利于个人社会保险的获得；就业于国有企业，相比就业于事业单位，更有利于个人社会保险的获得。比较模型(1)与模型(3)中就业单位回归系数的大小，我们发现，模型(1)的回归系数要大于模型(3)的回归系数。这意味着，公私单位对个人社会保险获得的作用力的差别，要大于公有各单位对个人社会保险获得的作用力的差别。因而，公私单位之间以及公有各单位之间对个人社会保险获得的影响表明，再分配权力影响个人社会保险的获得，这种影响主要表现为组织层面，即个人就业单位越是拥有更多再分配权力，则越有利于个人社会保险的获得，这部分证实了研究假设9，即公有单位中，政治资本的再分配回报率在党政机关中最高，其次是国有企业，最低的是事业单位。

单位规模通过单位人数的对数来测量，在模型(1)-(3)中，单位人数对数的回归系数均具有统计显著性。在模型(2)中，单位规模回归系数为正值，表明个人就业的私有单位规模越大，越有利于个人社会保险的获得。这说明，在私有单位之中，单位规模越大，则组织管理越规范，越可能遵守相关劳动法规，越可能为就业者提供社会保险。在模型(3)中，就业单位规模的回归系数也是正值，同样表明在公有单位之中，个人就业单位规模越大，越有利于个人社会保险的获得。这表明在公有单位之中，单位规模与个人社会保障的相关性在市场转型前后保持一定程度的一致，这也与研究假设9相符。比较模型(2)与模型(3)中单位规模回归系数大小，可知单位规模对个人社会保险获得的作用，在私有单位中更大。

职务只在模型(2)中的回归系数为正值，在0.001的水平上具有统计显著性。这表明，管理者的身份有利于个人社会保险获得，只在私有单位之中发挥作用。而政治面貌在模型(1)、(2)、(3)中，都不具有统计显著性。这表明，党员身份无论在公有单位还是私有单位，对个人社会保险获得均无作用。

2. 人力资本与公私单位的社会保险获得

受教育程度在模型(1)、(2)、(3)中的回归系数均为正值，且具有统计显著性。这说明，在公私单位之中，受教育程度越高，越有利于个人社会保险的获得。比较受教育程度在模型(2)和(3)中回归系数的大小，我们发现，相比公有单位，在私有单位中受教育程度对个人社会保险获得的作用更大，这部分证明了研究假设7，即私有单位中人力资本的再分配回报率要大于公有单位中人力资本的再分配回报率。技术职称的回归系数在模型(1)、(2)、(3)中是负值，但在模型(2)中的回归系数不具有统计显著性。这表明，技术职称对个人社会保险获得的作用，只在公有单位中具有统计显著性。由于技术职称赋值规则是职称等级越高、赋值越小，所以，回归系数的负值表示：在公有单位中，技术职称等级越高，越有利于个人社会保险的获得。这可能与技术职称等级的评定制度有关。技术职称等级评定通常存在于公有单位中，尤其是事业单位与国有企业之中，该制度建设与实施更为完善；而在私有单位中，技术等级制度的建设和实施还不够完善。

3. 控制变量与公私单位社会保险获得

年龄和年龄平方在模型(1)和(2)中的回归系数具有统计显著性，年龄和年龄平方的回归系数的方向相反，表明年龄只在私有单位之中对个人社会保险获得具有作用力，且是非线性的。性别的回归系数只在模型(3)中，在0.10的水平上具有统计显著性。这说明，性别只在公有单位中对个人社会保险的获得具有作用。户籍等级对公私单位社会保险的获得均有显著性影响，但是相比私有单位，其在公有单位中对个人社会保险获得的作用更大。这意味着，虽然户籍等级在私有单位中影响了个人社会保险获得，但市场转型还是从一定程度上削弱了户籍等级对个人社会保险获得的影响力。

依据回归方程，可以预测因变量各取值在自变量某一特定组合下的概率。当其余自变量取均值时，我们可以计算出公私单位在因变量“社会保险”四个取值的概率。在其他变量取值为均值时，公有单位中就业者不被任何社会保险所覆盖的概率低于私有单位的相应概率；获得两项及三项社会保险的概率，公有单位均高于私有单位。见表3-12。

表3-12 **公私单位社会保险获得概率**

公私单位	社会保险			
	无任何	有一项	有两项	有三项
公有单位	0.1936	0.0899	0.3650	0.3515
私有单位	0.3266	0.1176	0.3442	0.2116

依据上述自变量的特定组合，我们绘出了公私单位与因变量各个取值概率的曲线图(图3-1)。图3-1显示，位于最底部的概率曲线最为陡峭，表示公私单位不被任何社会保险所覆盖的概率差异较大；而上面的第二条曲线显得稍微平缓一些，表示公私单位中获得两项社会保险和一项社会保险的概率减弱了最底部曲线的陡峭程度，意味着私有单位中获得一项及两项社会保险的概率之和大于公有单位的相应数据。

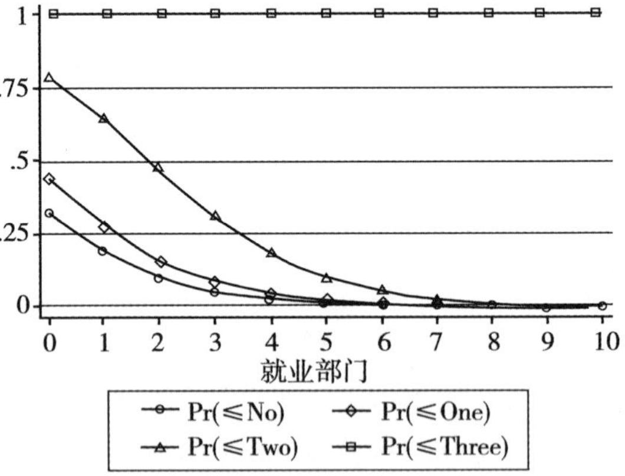

图3-1 公私单位与社会保险获得概率

三、公有各单位间社会保障的差异

前面比较了公私单位社会保险获得的差异，但我们还想进一步了解公有各单位之间在社会保险获得上的差异。模型(4)、(5)、(6)利用的样本分别是事业单位、国有企业和党政机关。

1. 政治资本和公有单位社会保险获得

在公有各单位中，单位规模用来测量各单位拥有的政治资本。在模型(4)、(5)、(6)中，单位规模的回归系数均为正值，但是在模型(6)中，该回归系数并不具有统计显著性。这表明，单位规模对个人社会保险获得的影响只存在于事业单位和国有企业中。在这两类单位中，单位规模越大，越有利于个人社会保险的获得。进一步比较模型(4)和模型(5)中单位规模的回归系数的大小，发现，就业于事业单位，相比就业于国有企业，单位规模的增长能给个人获得社会保险带来更大机会。在公有单位中，单位规模预示着国有企业与事业单位的再分配权力大小，而党政机关的再分配权力大小与单位规模无关，而与行政等级相关。结合模型(3)中就业单位的回归系数，可以证明研究假设9。

职务与政治面貌在模型(4)、(5)、(6)中的回归系数大多不具有统计显著性，除了模型(4)中职务的回归系数在0.05的水平上具有统计显著性。但是职务在模型(4)中的回归系数为负值，表示管理者身份并不利于个人社会保险的获得，这与我们前面的理论预想及现实并不相符。

2. 人力资本与公有单位社会保险获得

受教育程度的回归系数在模型(4)、(5)、(6)中，均为正值，但是在模型(5)中的回归系数不具有统计显著性。这说明，受教育程度只在事业单位和国有企业中对个人社会保险获得产生影响。在这两类单位，受教育程度越高，越有利于个人社会保险的获得。比较模型(4)与模型(5)中受教育程度的回归系数，我们发现，相比事业单位，在国有企业中受教育程度对个人社会保险的获得具有更大的作用。从技术职称在模型(4)、(5)、(6)中的回归系数来看，技术职称对因变量的作用，在模型(4)中在0.001的水平上具有统计显著性，在模型(3)中在0.10的水平上具有统计显著性，而在模型(6)中不具有统计显著性。这说明，技术职称只在国有企业中对个人社会保险的获得具有意义，在党政机关中并不具有作用。由于技术职称赋值规则是职称等级越高、赋值越小，所以在模型(4)中，技术职称的回归系数为负值，表明在国有企业中技术职称的等级越高，越有利于个人社会保险的获得。这说明人力资本的再分配回报率与市场化程度相关，也证实了研究假设8，即公有单位中，国有企业中人力资本的社会保障再分配回报率要高于事业单位，事业单位中人力资本的社会保障再分配回报率又高于党政机关。

3. 控制变量与公有单位社会保险获得

户籍等级的回归系数在模型(4)、(5)、(6)中，都为负值，且均具有统计显著性。这说明，在事业单位、国有企业和党政机关中，户籍等级对个人社会保险的获得都具有作用，户籍等级越高，越有利于个人社会保险的获得。通过比较模型(4)、(5)、(6)中户籍等级回归系数的大小发现，在三个国有单位中，就业于党政机关户籍等级对个人社会保险获得的作用最大，其次是国有企业和事业单位。年龄和年龄平方只在模型(4)中具有统计显著性。这说明，只有就业于事业单位，年龄才对个人社会保险获得具有作用。在事业单位就业的群体中，年龄对个人社会保险获得的作用还表现为非线性关系，即年龄增长到一定阶段，会对个人社会保险的获得具有负向作用。性别的回归系数只在模型(6)中具有统计显著性，且为正值。这表明，只在党政机关就业群体中，男性比女性有更多机会获得社会保险。

模型(4)、(5)、(6)实际上是将模型(3)中自变量“就业单位”作虚拟变量处理后的结果。依据模型(3)，我们预测了在公有单位中因变量各取值在自变量某一特定组合下的概率(见表3-13)。这组自变量特定组合为：除就业单位外，其余自变量取均值。党政机关中的平均人不被任何社会保险所覆盖的比例低于国有企业和事业单位，而获得三项社会保险的概率高于国有企业和事业单位。

表 3-13　　　　公有各单位社会保险获得概率

公有单位	社会保险			
	无任何	有一项	有两项	有三项
党政机关	0. 0796	0. 0766	0. 3498	0. 4940
国有企业	0. 0975	0. 0902	0. 3734	0. 4389
事业单位	0. 1188	0. 1051	0. 3909	0. 3853

我们将三类公有单位平均人获得社会保险的概率通过曲线图展现出来(见图 3-2)。最底部的曲线代表的是不被任何社会保险所覆盖的概率，接着从下往上依次是获得一项社会保险、两项社会保险、三项社会保险的概率曲线。每两条曲线之间的距离代表的是两条曲线之中位于上面的曲线所代表因变量取值的概率。从图 3-2 来看，下面三条曲线均从左向右向下倾斜，且曲线之间的距离并没有缩小，这表示事业单位的平均人不被任何社会保险所覆盖、获得一项及两项社会保险的概率均高于国有企业和党政机关的平均人，获得三项社会保险的概率则低于国有企业和事业单位的平均人。

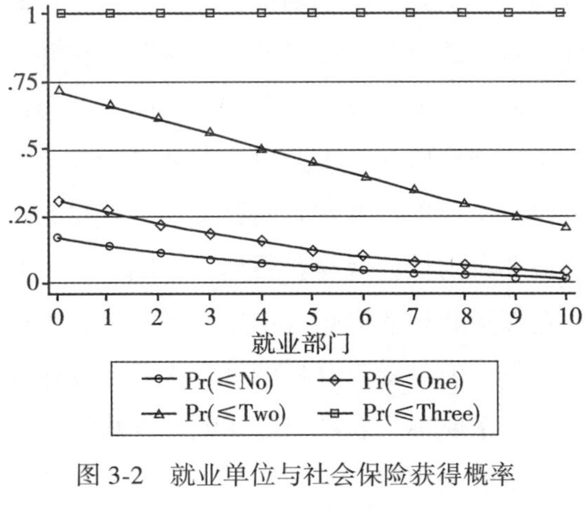

图 3-2　就业单位与社会保险获得概率

至此，我们可以对公私单位社会保险获得的差异作一小结。公有单位因拥有再分配权力，其就业者相对私有单位的就业者来说，有更多机会获得社会保险。单位规模增长有利于个人社会保险的获得，而相比公有单位，私有单位规模增长更有利于个人社会保险的获得。私有单位规模的大小可表示单位正规程度，越是正规的单位，越有可能遵守相关劳动法规，为本单位的就业者提供社会保险。而公有单位规模大小可表示该单位再分配权力的大小，更大规模的公有单位拥有更大的再分配权力，从而有能力为本单位的就业者提供更多的社会保险。管理者身份只在私有单位中有利于个人社会保险的获得。管理者身份在公私单位中有不同的意义。在私有单位中，劳动力市场实行的是优胜劣汰，所以管理者身份是个人市场能力的表现，表示个人拥有更多的人力资本。而在公有单位中，管理者位于行政管理金字塔的某一位置，代表的是个人拥有的政治资本。政治面貌在公私单位均不影响个人社会保险的获得。受教育程度在公私单位中都影响个人社会保险的获得，但受教育程度的提高，相比公有单位，能给私有单位中的就业者获得社会保险带来更大机会。技术职称只影响公有单位就业者的社会保险获得。户籍等级对公私单位就业者社会保险的获得都有作用，但其作用在公有单位中更大一些。

公有各单位的社会保险获得之间也存在差异。单位规模作为政治资本组织层面指标，对党政机关就业者的社会保险获得并无影响。对国有企业和事业单位就业者来说，单位规模越大，个人社会保险获得机会越大。相对来说，单位规模增长给事业单位就业者的社会保险获得带来的影响更大。职务仅对事业单位就业者的社会保险获得有影响，政治面貌对三类公有单位就业者的社会保险获得均无影响。在公有单位中，受教育程度对个人社会保险获得的影响与单位规模类似，不影响党政机关就业者的社会保险获得。但是受教育程度对个人社会保险获得的作用，在国有企业中更大，技术职称的表现与之相同。户籍等级的表现与政治资本和人力资本各变量的表现完全不一样。人力资本和政治资本各变量对党政机关就业者社会保险获得均无影响，而户籍等级不仅对党政机关就业者的社会保险获得有影响，而且在三类公有单位中，其影响力相对最大。可见，诸变量对三类公有单位就业者社会保险获得的不同影响，与市场转型程度相契合。国有企业是三类公有单位中市场转型程度最深的，各变量对国有企业就业者社会保险获得的影响与私有单位最为接近，表现为人力资本能给个人社会保险获得带来更多收益；但同时又保留了单位制保障的痕迹，表现为政治资本对国有企业个人社会保险获得的影响，与党政机关和事业单位的情况相似。事业单位的市场转型程度低于国有企业，但高于党政机关，人力资本各变量对个人社会保险获得的作用，事业单位大于党政机关，又小于国有企业。党政机关市场转型程度最低，因而人力资本和政治资本对该单位就业者的社会保险获得均无影响。

第三节　三大社会保险的单位差别

上一节以"社会保险得分"为因变量，分析了公私单位及公有三类单位之间社会保险获得的差异。在分析过程中，还考虑到如下两点；第一，社会保险得分不能反映具体的社会保险项目；第二，公私单位及公有各单位之间实行的是不同的社会保障制度。由此，本节进一步分析三大社会保险获得在公私单位及三类公有单位之间的差异，这有助于我们了解政治资本和人力资本对再分配更为具体的作用。

一、公私单位三大社会保险覆盖

公私单位与三大社会保险的交互表(见表3-14)显示，公私单位对个人三大社会保险的获得均有显著影响。私有单位没有三大保险的比例均高于公有单位。其中，公私单位无医疗保险的比例差最大，为34.93%；公私单位无失业保险的比例差最小，为21.49%。公有单位中，单位类别与个人养老保险获得的关联度统计性不显著，但与个人医疗保险和失业保险获得的关联度，在0.05的水平上统计性显著。公有单位中，党政机关医疗保险覆盖率最高，为93.02%；国有企业的失业保险覆盖率最高，为49.40%。

表 3-14　　　　**单位类别与三大社会保险覆盖情况**

三大社会保险覆盖情况	公私单位(%)		公有单位(%)		
	私有单位	公有单位	事业单位	国有企业	党政机关
无养老保险	52.72	23.25	22.15	21.43	27.91
有养老保险	47.28	76.75	77.85	78.57	72.09
Pearson　chi2(1)= 161.1　Pr=0.000			Pearson　chi2(2)= 1.786　Pr=0.410		
无医疗保险	51.61	16.68	15.51	18.06	6.980
有医疗保险	48.39	83.32	84.49	81.94	93.02
Pearson　chi2(1)= 238.6　Pr=0.000			Pearson　chi2(2)= 6.803　Pr=0.033		
无失业保险	75.87	54.47	56.01	50.60	63.95
有失业保险	24.13	45.53	43.99	49.40	36.05
Pearson　chi2(1)= 86.34　Pr=0.000			Pearson　chi2(2)= 6.270　Pr=0.0430		

(一)政治资本与公私单位的三大社会保险

1. 政治资本与公私单位养老保险

从总体上讲，公有单位的就业单位类别与个人养老保险获得之间的关联度统计性不显著，即公有单位就业单位不影响个人养老保险的获得。在公有单位中，是否为管理者与个人养老保险获得之间并不相关；但在私有单位中，是否为管理者与个人养老保险获得之间的关联度统计性显著。在私有单位中，管理者获得养老保险的比例为65.79%，高出非管理者24.4%。见表3-15。

表 3-15　　　　**公私单位、身份与养老保险覆盖情况**

养老保险覆盖情况	公有单位(单位%)		私有单位(%)	
	非管理者	管理者	非管理者	管理者
无	23.99	21.92	58.41	34.21
有	76.01	78.08	41.59	65.79

续表

养老保险覆盖情况	公有单位(单位%)		私有单位(%)	
	非管理者	管理者	非管理者	管理者
总计	100	100	100	100
	Pearson chi2(1)= 0.514 Pr=0.474		Pearson chi2(1)= 34.15 Pr=0.000	

在公有各单位中，是否为管理者在事业单位和国有企业之中，并不与个人养老保险获得相关，在党政机关中，也只是在 p 值为 0.10 的水平下统计性显著。在党政机关，管理者获得养老保险的比例为 80.39%，高出非管理者 16.05%。见表 3-16。

表 3-16 **公有单位、身份与养老保险覆盖情况**

养老保险覆盖情况	事业单位(%)		国有企业(%)		党政机关(%)	
	非管理者	管理者	非管理者	管理者	非管理者	管理者
无	20.86	24.03	23.23	17.22	35.56	19.51
有	79.14	75.97	76.77	82.78	64.44	80.49
总计	100	100	100	100	100	100
Pearson	chi2(1)= 0.446 Pr=0.504		chi2(1)= 2.270 Pr=0.132		chi2(1)= 2.745 Pr=0.098	

党员身份在公私单位中与个人养老保险获得之间均不相关，皮尔逊卡方检验 p 值分别为 0.387 和 0.327。党员身份只有在国有企业中，且 p 值为 0.10 的水平上，与个人社会保险获得之间关联度统计性显著，党员比非党员获得养老保险的比例高出约 8.71%。

2. 政治资本与公私单位医疗保险

医疗保险的获得与公私单位显著相关，在公有单位中，医疗保险的获得与就业单位在 0.05 水平上显著相关。管理者身份对个人医疗保险获得的影响，在私有单位中显著相关，公有单位中在 0.01 水平上显著相关。依据交互表(见表3-17)，我们计算了公私单位非管理者与管理者没有医疗保险的OR值。公有单位相应的OR值是1.685，即公有单位中非管理者没有医疗保险的概率是管理者的1.685倍；私有单位相应的OR值是2.47，即私有单位中非管理者没有医疗保险的概率是管理者的2.47倍。因此，相比公有单位，管理者的身份在私有单位中对个人获得医疗保险的影响更大。

表3-17　**公私单位、身份与医疗保险覆盖情况**

医疗保险覆盖情况	公有单位(单位%)		私有单位(%)	
	非管理者	管理者	非管理者	管理者
无	19.13	12.31	56.80	34.74
有	80.87	87.69	43.20	65.26
总计	100	100	100	100
	Pearson　chi2(1)=7.138 Pr=0.008		Pearson　chi2(1)=28.32 Pr=0.000	

在公有单位的三类单位中，是否为管理者只有在国有企业中，与个人医疗保险获得之间的关联度才具有统计显著性。在国有企业中，非管理者没有医疗保险与获得医疗保险的比率是管理者相应比率的2.489倍，即管理者身份有利于个人医疗保险的获得。

表3-18　**公有单位、身份与医疗保险覆盖情况**

医疗保险覆盖情况	事业单位(%)		国有企业(%)		党政机关(%)	
	非管理者	管理者	非管理者	管理者	非管理者	管理者
无	14.97	16.28	21.53	9.930	11.11	2.440
有	85.03	83.72	78.47	90.07	88.89	97.56
总计	100	100	100	100	100	100
Pearson	chi2(1)=0.099 Pr=0.753		chi2(1)=9.612 Pr=0.002		chi2(1)=2.486 Pr=0.115	

党员身份与医疗保险获得之间的关联度在私有单位中不具有统计显著性，在公有单位中 0.10 的水平上有统计显著性。在公有单位的三类单位中，党员身份与医疗保险获得之间的关联度在事业单位和党政机关中不具有统计显著性，在国有企业中 0.05 的水平上有统计显著性。在国有企业中，党员获得医疗保险的比例高出非党员约 10 个百分点。

3. 政治资本与公私单位失业保险

公私单位影响了失业保险的获得，就业于公有单位有利于个人失业保险的获得。公有单位各单位类别与失业保险获得相关。其中，国有企业就业者获得失业保险的比例最高（49.4%），党政机关最低（36.05%）。是否为管理者与失业保险获得之间的关联度在公有单位中不具有统计显著性，但在私有单位中有统计显著性。在私有单位中，非管理者与管理者没有失业保险的 OR 值是 2.378，即非管理者没有失业保险的机会更大。见表 3-19。

表 3-19　　**公私单位、身份与失业保险覆盖情况**

失业保险覆盖情况	公有单位(%)		私有单位(%)	
	非管理者	管理者	非管理者	管理者
无	55.54	52.55	79.94	62.63
有	44.46	47.45	20.06	37.37
总计	100	100	100	100
	Pearson chi2(1) = 0.767 Pr = 0.381		Pearson chi2(1) = 23.76 Pr = 0.000	

在公有各单位中，是否为管理者与失业保险获得之间的关联度仅在国有企业中有统计显著性。在国有企业中，管理者获得失业保险的比例是 58.94%，高出非管理者 13.61%。见表 3-20。

表 3-20　　　　公有单位、身份与失业保险覆盖情况

失业保险覆盖情况	事业单位(%)		国有企业(%)		党政机关(%)	
	非管理者	管理者	非管理者	管理者	非管理者	管理者
无	54.55	58.14	54.67	41.06	64.44	63.41
有	45.45	41.86	45.33	58.94	35.56	36.59
总计	100	100	100	100	100	100
Pearson	chi2(1)= 0.400 Pr=0.527		chi2(1)= 7.843 Pr=0.005		chi2(1)= 0.010 Pr=0.921	

党员身份与个人失业保险获得之间的关联度在公私单位中均不具有统计显著性。在公有单位的三类单位中，国有企业中党员身份与个人失业保险获得之间的关联度在 0.05 水平上有统计显著性。国有企业中党员获得失业保险的比例是 60.44%，非党员的相应比例是 46.97%。可见，党员身份有利于国有企业员工失业保险的获得。

(二)人力资本与公私单位的三大社会保险

1. 人力资本与养老保险的单位差别

受教育程度与公私单位个人养老保险获得相关，受教育程度越高，则越有利于个人获得养老保险。但是受教育程度对个人获得养老保险的作用，在公私单位之间存在差异。公有单位中，不同受教育程度没有获得养老保险的 OR 值分别为：2.265(小学及以下/初中)、2.002(初中/中等教育)、1.904(中等教育/高等教育)。私有单位相应的 OR 值分别为：1.774、2.231、2.468。比较上述公私单位的 OR 值可以发现，受教育程度对个人养老保险获得的影响，在私有单位中更大一些。

表 3-21　　公私单位、受教育程度与养老保险覆盖情况

养老保险覆盖情况		受教育程度(%)			
		小学及以下	初中	中等教育	高等教育
公有单位	无	55.56	35.56	21.60	12.64
	有	44.44	64.44	78.40	87.36
		Pearson	chi2(3)= 99.58	Pr=0.000	
私有单位	无	78.22	66.93	47.57	26.88
	有	21.78	33.07	52.43	73.12
		Pearson	chi2(3)= 74.57	Pr=0.000	

比较受教育程度对公私单位之间养老保险获得的影响的差异之后，我们进一步比较公有各单位之间受教育程度对个人养老保险获得的影响的差异。在三类公有单位中，受教育程度与个人养老保险获得之间的关联度都有统计显著性，受教育程度越高，越有利于个人养老保险获得。但受教育程度对个人养老保险获得的影响，在三类公有单位之间存在差异。小学及以下教育程度获得养老保险的比例，党政机关最高(66.67%)，其次是事业单位(47.06%)，国有企业最低(38.46%)；高等教育程度获得养老保险的比例，恰好与之相反，即国有企业最高，党政机关最低；而初中和中等教育程度获得养老保险的比例，均是国有企业最高。因此，受教育程度对个人养老保险获得的影响，在国有企业中最大，在党政机关中最小。见表 3-22。

表 3-22　　公有单位、受教育程度与养老保险覆盖情况

养老保险覆盖情况		受教育程度(%)			
		小学及以下	初中	中等教育	高等教育
事业单位	无	52.94	31.25	29.13	12.80
	有	47.06	68.75	70.87	87.20
		Pearson	chi2(3)= 22.10	Pr=0.000	

续表

养老保险覆盖情况		受教育程度(%)			
		小学及以下	初中	中等教育	高等教育
国有企业	无	61.54	30	15.46	11.59
	有	38.46	70	84.54	88.41
		Pearson	chi2(3)= 54.81	Pr=0.000	
党政机关	无	33.33	61.11	23.81	14.63
	有	66.67	38.89	76.19	85.37
		Pearson	chi2(3)= 13.72	Pr=0.003	

技术职称与公私单位养老保险获得的关联度均具有统计显著性。拥有职称有利于公私单位中个人获得养老保险。在公有单位中，无职称个人没有养老保险的比率是有职称个人没有养老保险的比率的 3.481 倍；私有单位中，无职称个人获得养老保险与没有养老保险的比率是有职称个人相应比率的 1.881 倍。可见，相比私有单位，拥有技术职称在公有单位中对个人养老保险获得的作用更大。在公有单位中，初级职称获得养老保险的比例最高；而在私有单位中，中级职称获得养老保险的比例最高。见表 3-23。

表 3-23　**公私单位、技术职称与养老保险覆盖情况**

养老保险覆盖情况		技术职称(%)			
		高级职称	中级职称	初级职称	无职称
公有单位	无	19.64	11.24	7.440	30.66
	有	80.36	88.76	92.56	69.34
		Pearson	chi2(3)= 49.43	Pr=0.000	
私有单位	无	26.67	26.53	50.63	55.49
	有	73.33	73.47	49.37	44.51
		Pearson	chi2(3)= 19.75	Pr=0.000	

技术职称与党政机关中个人养老保险的获得之间没有相关性，与国有企业和事业单位中个人养老保险的获得之间的关联度有统计显著性。在国有企业和事业单位中，无职称个人获得养老保险的比例最低，事业单位中中级职称个人获得养老保险的比例最高，国有企业中初级职称个人获得养老保险的比例最高。依据交互表3-24，我们可以计算出国有企业和事业单位无职称和有职称个人获得和没有养老保险的OR值。国有企业中，无职称个人获得与没有养老保险的比率是有职称个人相应比率的4.141倍；事业单位中，无职称个人获得与没有养老保险的比率是有职称个人相应比率的2.788倍。因此，相比事业单位，在国有企业中是否拥有职称对个人养老保险获得的影响更大。

表3-24　**公有单位、技术职称与养老保险覆盖情况**

养老保险覆盖情况		技术职称(%)			
		高级职称	中级职称	初级职称	无职称
事业单位	无	25.81	10.67	11.11	30.77
	有	74.19	89.33	88.89	69.23
		Pearson	chi2(3)=16.51	Pr=0.001	
国有企业	无	12.50	11.49	1.850	27.73
	有	87.50	88.51	98.15	72.27
		Pearson	chi2(3)=26.52	Pr=0.000	
党政机关	无	0	15.38	15.38	33.90
	有	100	84.62	84.62	66.10
		Pearson	chi2(3)=3.466	Pr=0.325	

2. 人力资本与医疗保险的单位差别

在公私单位中，受教育程度与医疗保险获得之间关联度均有统计显著性。依据交互表3-25，我们计算了公私单位受教育程度每相邻两类类别无医疗保险的OR值。私有单位每相邻两类受教育程度无医疗保险的

OR 值分别为：1.792（小学及以下/初中）、1.860（初中/中等教育）、2.931（中等教育/高等教育）。公有单位相应的 OR 值是 1.357、1.832、3.199。比较上述公私单位相应 OR 值的大小可知，相比私有单位，在公有单位，高等教育对个人医疗保险获得的作用更大，而初中与中等教育对个人医疗保险获得的作用则相对更小。

表 3-25　　**公私单位、受教育程度与医疗保险覆盖情况**

医疗保险覆盖情况		受教育程度(%)			
		小学及以下	初中	中等教育	高等教育
公有单位	无	34.92	28.33	17.75	6.32
	有	65.08	71.67	82.25	93.68
		Pearson	chi2(3)=49.43	Pr=0.000	
私有单位	无	76.24	64.17	49.06	24.73
	有	23.76	35.83	50.94	75.27
		Pearson	chi2(3)=59.80	Pr=0.000	

在公有单位的三类单位中，受教育程度与医疗保险获得之间的关联度，在党政机关中不具有统计显著性，在国有企业和事业单位中有统计显著性。在国有企业和事业单位中，受教育程度越高，则个人获得医疗保险的机会越大。依据交互表 3-26，我们计算了每相邻两个类别的受教育程度无医疗保险的 OR 值。国有企业中每相邻两个受教育程度类别无医疗保险的 OR 值分别为：1.402（小学及以下/初中）、2.630（初中/中等教育）、2.430（中等教育/高等教育）。事业单位中相应的 OR 值分别为 1.540、1.775、3.561。相比国有企业，初中与高等教育在事业单位中对医疗保险获得的作用相对更大一些，而中等教育在事业单位中对医疗保险获得的作用相对更小一些。

表 3-26　　**公有单位、受教育程度与医疗保险覆盖情况**

医疗保险覆盖情况		受教育程度(%)			
		小学及以下	初中	中等教育	高等教育
公有单位	无	41.18	31.25	20.39	6.71
	有	58.82	68.75	79.61	93.29
		Pearson	chi2(3)=26.17	Pr=0.000	
国有企业	无	38.46	30.83	14.49	6.52
	有	61.54	69.17	85.51	93.48
		Pearson	chi2(3)=38.40	Pr=0.000	
党政机关	无	0	11.11	14.29	2.44
	有	100	88.89	85.71	97.56
		Pearson	chi2(3)=3.954	Pr=0.267	

在公私单位中，技术职称与医疗保险获得之间的关联度均有统计显著性。在私有单位中，技术职称与医疗保险获得之间的关系主要表现为：有技术职称有利于医疗保险的获得，且技术职称越高，则个人获得医疗保险的机会越大。在公有单位中，技术职称与医疗保险之间的关系表现为：有技术职称有利于医疗保险的获得；但在公有单位有技术职称群体中，个人技术职称越高，则其获得医疗保险的机会越小。见表 3-27。

表 3-27　　**公私单位、技术职称与医疗保险覆盖情况**

医疗保险覆盖情况		技术职称(%)			
		高级职称	中级职称	初级职称	无职称
公有单位	无	10.71	5.06	2.48	23.87
	有	89.29	94.94	97.52	76.13
		Pearson	chi2(3)=57.62	Pr=0.000	

续表

医疗保险覆盖情况		技术职称(%)			
		高级职称	中级职称	初级职称	无职称
私有单位	无	20.00	20.41	43.04	55.64
	有	80.00	79.59	56.96	44.36
		Pearson	chi2(3)= 31.75	Pr=0.000	

公有单位的三类单位中，技术职称与医疗保险获得之间的关联度在事业单位和国有企业中有统计显著性。在事业单位和国有企业中，拥有职称有利于个人医疗保险的获得，但拥有的技术职称级别提高，反而减少了个人医疗保险获得的机会。在党政机关中，由于拥有技术职称的群体全部获得了医疗保险，导致表3-28三个单元格出现0，不具有统计显著性。

表3-28 **公有单位、技术职称与医疗保险覆盖情况**

医疗保险覆盖情况		技术职称(%)			
		高级职称	中级职称	初级职称	无职称
事业单位	无	12.90	5.33	1.85	25.64
	有	87.10	94.67	98.15	74.36
		Pearson	chi2(3)= 26.00	Pr=0.000	
国有企业	无	8.33	5.75	3.70	24.19
	有	91.67	94.25	96.30	75.81
		Pearson	chi2(3)= 26.58	Pr=0.000	
党政机关	无	0	0	0	10.17
	有	100	100	100	89.83
		Pearson	chi2(3)= 2.952	Pr=0.399	

3. 人力资本与失业保险的单位差别

在公私单位中，受教育程度与失业保险获得之间的关联度均有统计显著性；受教育程度越高，则越有利于个人失业保险的获得。依据交互表 3-29，我们计算了每相邻两个类别的受教育程度无失业保险的 OR 值。私有单位中每相邻两个受教育程度类别无失业保险的 OR 值分别为：1.728（小学及以下/初中）、4.354（初中/中等教育）、1.520（中等教育/高等教育）；公有单位相应的 OR 值为 1.387、1.633、1.454。比较公私单位上述 OR 值，我们发现，相比公有单位，在私有单位中受教育程度对个人失业保险获得的作用更大。

表 3-29　**公私单位、受教育程度与失业保险覆盖情况**

失业保险覆盖情况		受教育程度（%）			
		小学及以下	初中	中等教育	高等教育
公有单位	无	73.02	66.11	54.44	45.11
	有	26.98	33.89	45.56	54.89
		Pearson	chi2(3)= 57.62	Pr=0.000	
私有单位	无	94.06	90.16	67.79	58.06
	有	5.940	9.840	32.21	41.94
		Pearson	chi2(3)= 30.85	Pr=0.000	

在公有单位的三类单位中，受教育程度与失业保险获得之间的关联度，在国有企业中有统计显著性，事业单位中在 0.10 的水平上有统计显著性，党政机关中在 0.05 的水平上有统计显著性。只有在国有企业中，受教育程度与失业保险之间的关系明确表现为：受教育程度越高越有利于个人失业保险的获得。在事业单位中，尽管高等教育群体失业保险获得比例最高，但初中群体获得失业保险的比例高于中等教育群体。在党政机关中，中等教育群体获得失业保险的比例最高，为 52.38%。见表 3-30。

表 3-30　　**公有单位、受教育程度与失业保险覆盖情况**

失业保险覆盖情况		受教育程度(%)			
		小学及以下	初中	中等教育	高等教育
事业单位	无	70. 59	62. 50	63. 11	48. 78
	有	29. 41	37. 50	36. 89	51. 22
		Pearson	chi2(3)= 7. 598	Pr=0. 055	
国有单位	无	71. 79	62. 50	49. 76	35. 51
	有	28. 21	37. 50	50. 24	64. 49
		Pearson	chi2(3)= 26. 44	Pr=0. 000	
党政机关	无	100	83. 33	47. 62	58. 54
	有	0	16. 67	52. 38	41. 46
		Pearson	chi2(3)= 9. 267	Pr=0. 026	

在公有单位中，技术职称与失业保险获得之间的关联度具有统计显著性，拥有技术职称的群体获得失业保险的机会更大，但是技术职称的级别高低并不影响失业保险的获得。在私有单位中，技术职称与失业保险获得之间的关联度在 0. 10 的水平上才具有统计显著性，拥有技术职称的群体获得失业保险的机会更大，而且技术职称等级越高越有利于个人失业保险的获得。见表 3-31。

表 3-31　　**公私单位、技术职称与失业保险覆盖情况**

失业保险覆盖情况		技术职称(%)			
		高级职称	中级职称	初级职称	无职称
公有单位	无	42. 86	44. 38	41. 32	61. 50
	有	57. 14	55. 62	58. 68	38. 50
		Pearson	chi2(3)= 30. 22	Pr=0. 000	
私有单位	无	60	65. 31	70. 89	77. 59
	有	40	34. 69	29. 11	22. 41
		Pearson	chi2(3)= 7. 201	Pr=0. 066	

在公有单位的三类单位中，技术职称与失业保险获得之间的关联度，在事业单位中不具有统计显著性，在国有企业中有统计显著性，在党政机关中在0.10的水平上才具有统计显著性。在国有企业中，拥有技术职称的群体有66.67%的个人获得失业保险，高出没有技术职称群体25.67%。因此，国有企业中拥有技术职称有利于个人失业保险的获得，但是技术职称级别高低与失业保险获得之间不相关。见表3-32。

表3-32　　**公有单位、技术职称与失业保险覆盖情况**

失业保险覆盖情况		技术职称(%)			
		高级职称	中级职称	初级职称	无职称
事业单位	无	54.84	46.67	53.70	61.54
	有	45.16	53.33	46.30	38.46
		Pearson	chi2(3)=4.726	Pr=0.193	
国有单位	无	29.17	36.78	29.63	59
	有	70.83	63.22	70.37	41
		Pearson	chi2(3)=30.12	Pr=0.000	
党政机关	无	0	69.23	38.46	69.49
	有	100	30.77	61.54	30.51
		Pearson	chi2(3)=6.381	Pr=0.094	

二、公私单位养老保险获得的回归分析

(一)模型拟合优度评估

就业单位有四个取值：私有单位、事业单位、国有企业和党政机关。六个逻辑斯蒂回归模型依据就业单位，各自采用了不同样本。模型(2)、(4)、(5)、(6)实质上等同于将变量“就业单位”作虚拟变量处理后的模型(1)，模型(4)、(5)、(6)实质上是将模型(2)中变量“就业单位”作虚拟变量处理后的结果。因此，我们只评估全样本模型的拟合优

度。模型(1)中 LR 卡方值为 505.48，在 10 个自由度下显著度为 0.000，伪 R^2 值为 0.2209。模型(1)中各自变量及两两自变量之间 Wald Test 显示，各自变量及自变量之间的回归系数均独立。模型(1)在 0.5 的分割点上，总的分类正确预测率为 75.01%。见表 3-33。

表 3-33 **养老保险的回归结果**

养老保险	模型(1) 公私单位	模型(2) 私有单位	模型(3) 公有单位	模型(4) 事业单位	模型(5) 国有企业	模型(6) 党政机关
户籍等级	−0.196***	−0.117*	−0.337***	−0.381***	−0.306***	−0.491+
	(0.036)	(0.049)	(0.059)	(0.111)	(0.079)	(0.268)
就业单位	0.340***		0.068			
	(0.067)		(0.145)			
单位规模对数	0.265***	0.337***	0.167***	0.310**	0.138*	0.013
	(0.030)	(0.044)	(0.044)	(0.095)	(0.061)	(0.246)
职务	0.122	0.585**	−0.428+	−0.983*	−0.295	0.840
	(0.151)	(0.208)	(0.225)	(0.393)	(0.320)	(0.715)
政治面貌	−0.105	−0.504	0.221	0.616	0.256	−0.747
	(0.184)	(0.324)	(0.242)	(0.390)	(0.411)	(0.774)
受教育程度	0.658***	0.754***	0.469***	0.343+	0.560***	0.455
	(0.076)	(0.104)	(0.116)	(0.207)	(0.166)	(0.386)
技术职称	−0.216*	−0.072	−0.323**	−0.207	−0.464*	−0.202
	(0.086)	(0.133)	(0.121)	(0.185)	(0.191)	(0.487)
年龄	0.128***	0.155**	0.057	0.105	0.061	−0.063
	(0.031)	(0.051)	(0.045)	(0.084)	(0.058)	(0.212)
年龄平方	−0.001***	−0.002*	−0.001+	−0.001	−0.001	0.001
	(0.000)	(0.001)	(0.001)	(0.001)	(0.001)	(0.002)
性别	−0.027	−0.138	0.161	−0.060	0.214	1.579*
	(0.123)	(0.166)	(0.189)	(0.333)	(0.256)	(0.699)
Cons	−4.122***	−5.921***	0.352	−0.717	0.786	2.891
	(0.837)	(1.248)	(1.378)	(2.337)	(1.789)	(6.284)
N	1737	831	906	316	504	86
R^2	0.2209	0.1828	0.1575	0.1954	0.1599	0.2163

Standard errors in parentheses, + $p < 0.10$, * $p < 0.05$, ** $p < 0.01$, *** $p < 0.001$

(二)回归结果分析

1. 政治资本与公私单位养老保险

就业单位的回归系数在模型(1)中是正值且具有显著性，但在模型(3)中不显著。这表示，相比私有单位，在公有单位中就业有利于个人养老保险的获得。具体来说，在控制其他变量不变的情况下，公有单位中就业的职员获得养老保险的比率是私有单位的1.404倍。但公有单位中就业单位不同并不影响个人养老保险的获得。单位规模在模型(1)、(2)、(3)中的回归系数均为正值且显著。这说明，无论是私有单位还是公有单位，单位规模越大越有利于个人养老保险的获得。在控制其他变量不变的情况下，私有单位规模的对数每增加一个单位，职员获得养老保险的比率将增加39.71%，公有单位规模的对数每增加一个单位，职员获得养老保险的比率将增加18.27%。单位规模的回归系数在模型(4)与(5)中是正值且在0.05的水平上显著，在模型(6)中是正值但不显著。这意味着，在公有单位中，单位规模与事业单位、国有企业就业群体养老保险的获得正相关，与党政机关就业群体养老保险的获得不相关。其中，相比国有企业，单位规模对事业单位就业群体养老保险的获得作用力更大。职务的回归系数在模型(1)中不显著，在模型(2)中是正值且显著，在模型(3)中是负值，在0.10的水平上显著。这说明，管理者身份在私有单位中有利于个人养老保险的获得，管理者获得养老保险的比率是非管理者的1.795倍；管理者身份在公有单位中不利于个人养老保险的获得。在公有单位的三类单位中，职务对个人养老保险获得只在事业单位中具有显著影响，其值为负。这表明，管理者身份在事业单位中不利于个人养老保险的获得。政治面貌的回归系数在所有模型中均不显著，意味着在公私单位中党员身份均不影响个人养老保险的获得。

2. 人力资本与公私单位养老保险

受教育程度在模型(2)与(3)中的回归系数均显著，为正值。这说明，受教育程度在公私单位中对个人养老保险获得有正向作用。其中，模型(2)中受教育程度的回归系数要大于模型(3)中受教育程度的回归系数。这表明，相比公有单位，在私有单位中受教育程度对个人养老保险获得的作用更大。在公有单位的三个模型中(模型4—6)，受教育程度的回归系数在国有企业中是正值且显著，在事业单位中是正值，在0.10的水平上显著，在党政机关中是正值但不显著。这说明，受教育程度与个人养老保险获得之间的关系是：在国有企业与事业单位中正相关，但在党政机关中不相关。受教育程度在模型(5)中的回归系数要大于模型(4)中相应的回归系数。这表明，相比事业单位，在国有企业受教育程度对个人养老保险获得具有更大影响。技术职称的回归系数在模型(3)中为负值且显著，在模型(2)中为负值但不显著。这说明，技术职称在公有单位中有利于个人养老保险的获得，但在私有单位中不影响个人养老保险的获得。在公有单位的三类单位中，技术职称只对国有企业就业群体养老保险的获得有显著作用，表现为技术职称等级越高，越有利于个人养老保险获得。

3. 控制变量与公私单位养老保险获得

户籍等级的回归系数在模型(1)—(5)中，均为负值且显著，在模型(6)中为负值，在0.10的水平上显著。这说明，户籍等级在公私单位中与个人养老保险获得之间均存在正相关，即户籍等级越高越有利于个人养老保险的获得。比较各模型中户籍等级回归系数的大小，我们发现，户籍等级在公有单位中，相比私有单位，对个人养老保险的获得具有更大影响；在公有单位的三类单位中，户籍等级在党政机关中对个人养老保险获得影响最大，其次是事业单位。年龄和年龄平方的回归系数只在私有单位中具有统计显著性。这说明，年龄在公有单位中对个人养老保险的获得没有影响，在私有单位中，年龄对个人养老保险的获得有影响，这种影响表现为倒U形曲线。性别只在党政机关中对个人养老保险的获得有影响，党政机关中的男性比女性有更大概率获得养老保险。

依据模型(1)，我们给定了一组自变量特定组合，绘出了四个单位获得养老保险的概率随单位规模对数变动的图形(图3-3)。这一组自变量特定组合是县级城区户口、受过中等教育且无技术职称、40 岁的非管理者、非党员男性。图 3-3 显示，在这组自变量特定组合中，私有单位获得养老保险的概率低于公有单位，在公有单位的三类单位中，党政机关获得养老保险的概率最大，事业单位最小，各曲线之间的距离随单位规模对数的增长而逐渐缩小。

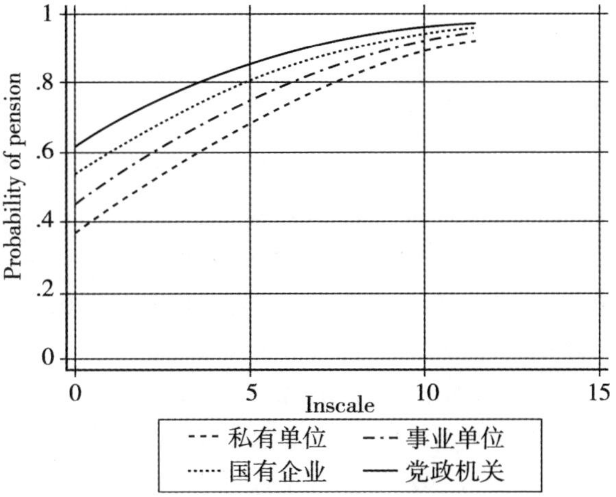

图 3-3　单位规模与养老保险获得概率

三、公私单位医疗保险获得的回归分析

(一)模型拟合优度评估

与养老保险相关回归模型类似，我们也只评估关于医疗保险全样本模型的拟合优度。模型(1)的 LR 卡方值为 528. 94，在 10 个自由度下显著度为 0. 000，伪 R^2 值为 0. 2403。对模型(1)中各自变量及两两自变量之间的 Wald 检验显示，各自变量及自变量之间的回归系数均独立。模型(1)在 0. 5 的分割点上，总的分类正确预测率为 76. 57%。见表 3-34。

表 3-34　　医疗保险的回归结果

医疗保险	模型(1) 公私单位	模型(2) 私有单位	模型(3) 公有单位	模型(4) 事业单位	模型(5) 国有企业	模型(6) 党政机关
户籍等级	−0.202*** (0.038)	−0.142** (0.048)	−0.336*** (0.066)	−0.402** (0.130)	−0.376*** (0.085)	2.396 (1.674)
就业单位	0.590*** (0.072)		0.349*			
单位规模对数	0.197*** (0.031)	0.279*** (0.042)	0.071 (0.047)	0.350** (0.115)	0.130* (0.064)	1.070 (1.016)
职务	0.214 (0.159)	0.525* (0.206)	−0.203 (0.258)	−1.190* (0.481)	0.237 (0.367)	4.961 (4.057)
政治面貌	0.106 (0.201)	0.184 (0.331)	0.107 (0.281)	0.166 (0.461)	0.042 (0.446)	−3.361 (2.321)
受教育程度	0.553*** (0.077)	0.548*** (0.101)	0.534*** (0.130)	0.446+ (0.236)	0.544** (0.179)	2.192 (1.674)
技术职称	−0.461*** (0.100)	−0.316* (0.137)	−0.563*** (0.155)	−0.550* (0.240)	−0.600** (0.227)	0.000 (.)
年龄	0.061* (0.031)	0.197*** (0.051)	−0.043 (0.052)	0.135 (0.099)	−0.098 (0.066)	−3.467 (2.951)
年龄平方	−0.001+ (0.000)	−0.003*** (0.001)	0.001 (0.001)	−0.002 (0.001)	0.001 (0.001)	0.046 (0.038)
性别	−0.071 (0.127)	−0.215 (0.163)	0.343 (0.209)	0.257 (0.395)	0.142 (0.275)	7.264* (3.284)
Cons	−1.472+ (0.849)	−4.239*** (1.223)	2.681+ (1.576)	0.184 (2.703)	4.614* (1.965)	45.679 (46.339)
N	1737	831	906	316	504	59
R^2	0.2403	0.1644	0.1587	0.2579	0.1733	0.6534

Standard errors in parentheses, $^{+}p<0.10$, $^{*}p<0.05$, $^{**}p<0.01$, $^{***}p<0.001$

(二)回归结果分析

1. 政治资本与公私单位医疗保险

就业单位回归系数在模型(1)与(3)中为正值且具有统计显著性。

这说明，相比就业于私有单位，就业于公有单位有利于个人医疗保险的获得。在公有单位中，就业单位的再分配权力越大，越有利于个人医疗保险的获得。就业单位回归系数在模型(1)与模型(3)中的大小表明，公私单位之间医疗保险获得的差异要大于公有单位内部各单位之间的差异。单位规模的回归系数在模型(2)中为正值且显著，在模型(3)中为正值但不显著。这说明，只有就业于私有单位，单位规模增长才有利于个人医疗保险的获得。单位规模回归系数在模型(4)与(5)中均为正值且显著，在模型(6)中为正值但不显著。这说明，在公有单位中，单位规模增长只影响在事业单位和国有企业中就业者医疗保险的获得，不影响党政机关中就业者医疗保险的获得。相比国有企业，事业单位规模增长对就业者医疗保险获得的影响更大。职务的回归系数在模型(2)中为正值且显著，在模型(3)中为负值但不显著。这说明，管理者的身份只在私有单位中有利于个人医疗保险的获得。在公有单位的三类单位中，管理者身份只在事业单位中对个人医疗保险的获得有显著影响。

2. 人力资本与公私单位医疗保险

受教育程度的回归系数在模型(2)与(3)中均为正值且显著。这说明，在公私单位中，受教育程度越高越有利于个人医疗保险的获得。在模型(2)和(3)中受教育程度回归系数的大小表明，相比公有单位，受教育程度在私有单位中对个人医疗保险的获得具有更大影响。受教育程度的回归系数在模型(5)中是正值且显著，在模型(3)中是正值，在0.1的水平上具有统计显著性，在模型(6)中为正值但不显著。这说明：在党政机关中，受教育程度与个人医疗保险的获得不相关；相比事业单位，在国有企业中受教育程度对个人医疗保险的获得具有更大影响。在模型(2)和(3)中，技术职称的回归系数为负值且具有统计显著性，但是模型(3)中技术职称的回归系数要大于模型(2)中技术职称的回归系数。这说明，在公私单位中，技术职称等级越高越有利于个人医疗保险的获得；但是相比私有单位，在公有单位中技术职称对个人医疗保险获得的影响更大。技术职称回归系数在模型(5)中为正值，在0.01的水平上显著；在模型(4)中为正值，在0.05的水平上显著；在模型(6)中不显著。这表明，在党政机关中，技术职称不影响个人医疗保险的获得；在国有企业和事业单位中，技术职称影响了个人医疗保险的获得，技术职称等级越高，获得医疗保险的概率越大。技术职称在模型(5)的回归系数大于在模型(4)的回归系数。这表明，相比事业单位，在国有企业中，技术职称对个人医疗保险的获得具有更大影响。

3. 控制变量与公私单位医疗保险

户籍等级回归系数除了在模型(6)中不显著外，在其余模型中均显著，且为负值。这说明，户籍等级在公私单位中都影响了个人医疗保险的获得，户籍等级越高，个人获得医疗保险的机会越大。但相比私有单位，在公有单位中，户籍等级对个人医疗保险获得的影响更大。在公有单位的三类单位中，仅党政机关中就业者的户籍等级不影响个人医疗保险的获得；相比国有企业，事业单位中就业者的户籍等级对个人医疗保险获得的影响更大。年龄和年龄平方只在模型(2)中具有统计显著性，且这两个变量的回归系数符号相反。这说明，年龄和年龄平方只在私有单位中对个人医疗保险的获得有影响。这种影响表现为，个人获得医疗保险的概率随年龄增长而增大，但增长到一定岁数后，年龄增长减小了个人获得医疗保险的概率。性别只在党政机关中影响个人医疗保险的获得，党政机关中男性就业者比女性就业者获得医疗保险的概率更大。

依据模型(1)，在给定了一组自变量特定组合后，绘出了四类单位的就业者获得医疗保险的概率随单位规模对数变动的图形。这一组自变量特定组合是县级城区户口、受过中等教育且无技术职称、40 岁的非管理者、非党员男性。图 3-4 显示，在这组自变量特定组合中，私有单位就业者获得医疗保险的概率小于公有单位就业者，在公有单位的三类单位中，党政机关就业者获得医疗保险的概率最大，事业单位就业者的相应概率最小，各曲线之间的距离随单位规模对数的增长而逐渐缩小。与养老保险曲线相比，可以发现，在同样一组自变量组合下，各单位之间医疗保险获得概率差异程度，要大于各单位之间养老保险获得概率差异程度。

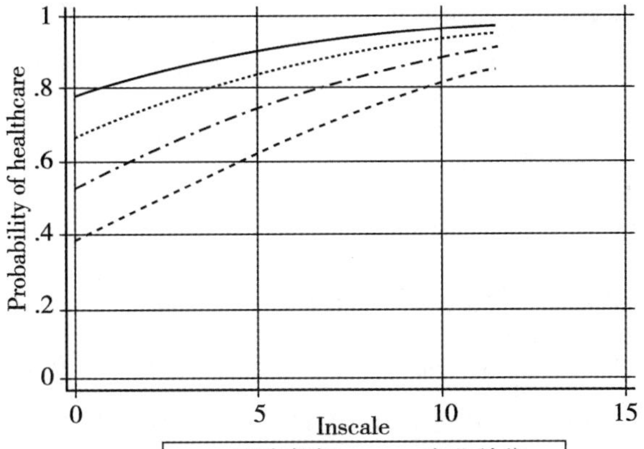

图 3-4　单位规模与医疗保险获得概率

四、公私单位失业保险获得

（一）模型拟合优度评估

同样与养老保险相关回归模型类似，我们也只评估关于失业保险全样本模型的拟合优度。模型(1)的 LR 卡方值为 343.21，在 10 个自由度下显著度为 0.000，伪 R^2 值为 0.1518。对模型(1)中各自变量及两两自变量之间的 Wald Test 显示，各自变量及自变量之间的回归系数均独立。模型(1)在 0.5 的分割点上，总的分类正确预测率为 71.56%。见表 3-35。

表 3-35　**失业保险的回归结果**

失业保险	模型(1)	模型(2)	模型(3)	模型(4)	模型(5)	模型(6)
	公私单位	私有单位	公有单位	事业单位	国有企业	党政机关
户籍等级	−0.259***	−0.152**	−0.366***	−0.277**	−0.380***	−0.769**
	(0.036)	(0.054)	(0.052)	(0.088)	(0.070)	(0.256)

续表

失业保险	模型(1)	模型(2)	模型(3)	模型(4)	模型(5)	模型(6)
	公私单位	私有单位	公有单位	事业单位	国有企业	党政机关
就业单位	0.201**		0.110			
	(0.063)		(0.123)			
单位规模对数	0.185***	0.277***	0.114**	0.083	0.122*	0.246
	(0.028)	(0.046)	(0.036)	(0.069)	(0.050)	(0.225)
职务	0.066	0.374+	−0.131	−0.400	0.084	−0.589
	(0.137)	(0.220)	(0.177)	(0.288)	(0.250)	(0.707)
政治面貌	−0.294+	−0.548	−0.158	−0.236	0.201	−0.797
	(0.160)	(0.354)	(0.186)	(0.282)	(0.297)	(0.744)
受教育程度	0.484***	0.857***	0.194+	0.162	0.199	0.218
	(0.077)	(0.128)	(0.102)	(0.178)	(0.142)	(0.440)
技术职称	−0.125+	0.141	−0.258**	−0.145	−0.340**	−0.662
	(0.070)	(0.139)	(0.087)	(0.137)	(0.125)	(0.430)
年龄	0.092**	0.033	0.078+	0.215**	0.041	−0.309
	(0.032)	(0.059)	(0.042)	(0.083)	(0.055)	(0.204)
年龄平方	−0.001**	0.000	−0.001*	−0.003**	−0.001	0.003
	(0.000)	(0.001)	(0.000)	(0.001)	(0.001)	(0.002)
性别	0.117	−0.043	0.202	−0.067	0.328	1.321+
	(0.117)	(0.190)	(0.154)	(0.254)	(0.209)	(0.762)
Cons	−3.807***	−6.001***	−0.827	−3.401+	0.429	9.622+
	(0.839)	(1.468)	(1.181)	(2.016)	(1.534)	(5.815)
N	1737	831	906	316	504	86
R^2	0.1518	0.1654	0.1098	0.0812	0.1309	0.3015

Standard errors in parentheses, $^{+}p < 0.10$, $^{*}p < 0.05$, $^{**}p < 0.01$, $^{***}p < 0.001$

(二)回归结果分析

1. 政治资本与公私单位失业保险

就业单位的回归系数在模型(1)中为正值且显著，在模型(3)中为正值但不显著。这说明，相比就业于私有单位，在公有单位中就业有利于个人失业保险的获得；但就业于公有单位中的不同类单位并不影响个人失业保险的获得。单位规模的回归系数在模型(2)和(3)中，均为正值且显著。这说明，公私两种单位的单位规模增长都有利于个人失业保险的获得。单位规模回归系数在模型(5)中是正值且显著，但在模型(4)和(6)中不显著。这说明，单位规模增长只影响了国有企业就业者失业保险的获得，不影响事业单位和党政机关就业者。职务和政治面貌的回归系数在所有模型中均不显著。这表明，管理者和党员身份在公私单位及公有单位各单位之中，并不影响就业者失业保险的获得。

2. 人力资本和公私单位失业保险

受教育程度的回归系数在模型(2)中是正值且显著，在模型(3)中是正值，在0.10的水平上显著。这说明，私有单位就业者的受教育程度影响了其失业保险的获得，私有单位就业者受教育程度越高越有利于其获得失业保险。在公有单位各单位中，受教育程度并不影响就业者医疗保险的获得。技术职称在公私单位对就业者失业保险的获得的影响的表现恰好与受教育程度相反。技术职称只对公有单位就业者失业保险获得有影响，不影响私有单位就业者。在公有单位的三类单位中，技术职称不影响党政机关和事业单位就业者失业保险的获得，只对国有企业就业者失业保险的获得有影响。这种影响表现为，技术职称等级越高，国有企业就业者获得失业保险的机会越大。

3. 控制变量和公私单位失业保险

户籍等级在所有模型中的回归系数均显著，为负值。这说明，户籍等级对公私两种单位就业者失业保险的获得都有影响。这种影响表现为，户籍等级越高越有利于就业者失业保险的获得。但是相比私有单位就业者，户籍等级对公有单位就业者失业保险的获得有更大影响。在公有单位的三类单位中，户籍等级对党政机关就业者失业保险获得的影响最大。年龄和年龄平方只在模型(4)中的回归系数具有统计显著性，且方向相反。这表明，年龄对事业单位就业者失业保险的获得的影响呈倒U形。在0.05显著度水平上，性别对公私单位及公有单位各单位就业者的失业保险均无影响。

依据模型(1)，在给定了一组自变量特定组合后，绘出了四个单位就业者获得失业保险的概率随单位规模对数变动的图形(图3-5)。这一组自变量特定组合是县级城区户口、受过中等教育且无技术职称、40岁的非管理者、非党员男性。这组自变量与养老保险和医疗保险图形所采用的自变量相同，但该图形与养老保险和医疗保险图形差异较大。该图形中曲线相对平缓，而且曲线之间的距离并没有随单位规模对数增长而逐渐缩小。

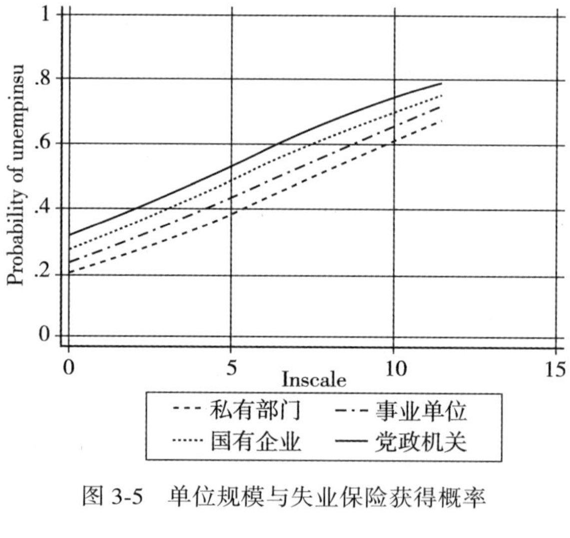

图3-5　单位规模与失业保险获得概率

至此，我们可以就政治资本和人力资本对公私单位及公有单位各单位之间三大社会保险获得的影响作一小结：

(1)政治资本与公私单位三大社会保险。就业于不同的公私单位影响就业者三大社会保险的获得。相比私有单位就业者，公有单位的就业者获得三大社会保险的机会更大。对公有单位就业者而言，就业于不同的公有单位不影响他们养老保险和失业保险的获得，但影响他们医疗保险的获得。对三类公有单位的就业者而言，就业于党政机关最有利于他们医疗保险的获得。对私有单位就业者而言，单位规模越大越有利于其获得三大社会保险；对公有单位就业者而言，单位规模大小不影响其医疗保险的获得，但影响其养老保险和失业保险的获得。在私有单位中，管理者的身份有利于其就业者三大社会保险的获得；在公有单位中，管理者的身份只影响了其就业者养老保险的获得。党员身份对公私单位所有就业者三大保险的获得均无影响。

(2)人力资本与公私单位三大社会保险。对公私单位所有的就业者来说，受教育程度越高越有利于其三大社会保险的获得。相比公有单位就业者而言，受教育程度对私有单位就业者三大社会保险获得的影响更大。但在公有单位中，受教育程度对其就业者社会保险的影响，不仅因单位不同而不同，还因社会保险项目不同而不同。对党政机关就业者而言，受教育程度对其三大社会保险的获得均无影响；对国有企业就业者而言，受教育程度影响了其养老保险和医疗保险的获得；对事业单位就业者而言，受教育程度在 0. 10 的显著度水平上才影响其养老保险和医疗保险的获得。对私有单位就业者来说，技术职称只影响了其医疗保险的获得。对公有单位就业者来说，技术职称对其三大社会保险的获得均有影响。在公有单位的三类单位中，技术职称对其就业者社会保险的影响主要体现为：技术职称等级越高，国有企业就业者三大社会保险的获得机会越大，事业单位就业者获得医疗保险的机会越大，但不影响党政机关三大社会保险的获得。

(3)控制变量与公私单位三大社会保险。户籍等级对所有就业者三大社会保险的获得都有影响。而且相比私有单位的就业者而言，户籍等级对公有单位就业者三大社会保险的获得具有更大影响。在公有单位内部，户籍等级也因单位不同、社会保险项目不同，而对就业者社会保险获得的影响各异：对事业单位和国有企业的就业者而言，户籍等级影响其三大社会保险的获得；对党政机关就业者而言，户籍等级只影响了其失业保险的获得。年龄对私有单位就业者养老保险和医疗保险获得的影响呈倒U形，对公有单位中事业单位就业者失业保险的获得的影响呈倒U形。性别仅对党政机关就业者三大保险的获得有影响。

本章小结

本章在市场转型理论的框架下分析了公私单位以及公有各单位之间社会保险获得机制的差异，分析主要从两方面展开。

首先，本章以总体社会保险获得为因变量，讨论了政治资本和人力资本在公私单位之间以及公有各单位之间作用力的差异。从总体上来看，因拥有再分配权力，相比私有单位，公有单位给本单位的就业者提供了更大机会获得更多的社会保险。所以，就业者拥有的政治资本越多，其获得更多社会保险的机会越大。但政治资本的效用主要体现在组织层面，如就业单位和单位规模大小，个人层面的政治资本，如管理者和党员身份，并没有为公有单位就业者获得更多社会保险带来更大机会。市场转型提升了人力资本的回报，所以私有单位市场化程度最深，拥有更多的人力资本对私有单位就业者获得更多社会保险带来更大机会。在公有单位的三类单位中，因国有企业最接近市场，相比党政机关和事业单位就业者，人力资本对国有企业就业者获得更多社会保险具有更大效应。

其次，本章以具体的三大社会保险为因变量，通过表3-36，比较分析了政治资本和人力资本在公私单位不同单位之间、不同的社会保险项目之间作用力的差异。政治资本和人力资本对个人获得三大社会保险的影响在公私单位各单位之间的差异呈现于表3-36，表中“+”表示正向影响，“-”表示负向影响，单元格无符号表示单元格所对应的变量与单元格所对应的社会保险项目之间不相关。

表 3-36　　**政治资本、人力资本与三大社会保险**

三大社会保险			政治资本			人力资本	
			单位规模	管理者	党员	教育程度	技术职称
养老保险	私有单位		+(相比公有单位有更大作用)	+		+(相比公有单位有更大作用)	
	公有单位	事业单位	+(相比国有企业有更大作用)	−		+	
		国有企业	+			+(相比事业单位有更大作用)	+
		党政机关					
医疗保险	私有单位		+	+		+(相比公有单位作用更小)	
	公有单位	事业单位	+(相比国有企业有更大作用)	−		+	+
		国有企业	+		+	+(相比事业单位有更大作用)	+(相比事业单位有更大作用)
		党政机关					
失业保险	私有单位		+(相比公有单位有更大作用)			+	
	公有单位	事业单位					
		国有企业	+			+	
		党政机关					

第四章　社会保障差序格局之阶层差别

理论上，社会保障的再分配具有缩小初次分配差距、增进社会平等的效用。但当前社会保障制度的城乡分治、单位有别的特点，使个人社会保障再分配收益表现出与初次分配类似的特征：收入分化更多表现为组织层面的差距，而组织内部相对平均①。对于社会保障制度所具有的再分配功能，大多数研究都关注养老制度的再分配②，因为养老制度是社会保障制度中再分配效应最为显著的，其再分配效应也最容易被测算出来。但从纵向和横向上对养老保障再分配效应的讨论都只是关于成本和收益的比较，而社会保障的再分配本身具有形塑社会阶层结构的作用③，成本和收益的分析并不能直接告诉我们养老保障的再分配收益与阶层结构之间的关系，即养老保障的再分配效应能否影响阶层结构，影响了哪些群体在阶层结构中的位置，更不能告诉我们各阶层社会保障再分配的状况。

前面两章讨论了户籍等级和就业单位对就业者社会保障再分配的影响。从总体上来说，社会保障程度最高的群体是那些直辖市城区户口且就业于党政机关的就业者，社会保障程度最低的群体则是农村户口就业

---

① Wu, X. "Work Units and Income Inequality: The Effect of Market Transition in Urban China," Social Forces 80(3), 2002, pp. 1069-1099；余红、刘欣：《单位与代际流动：单位制在衰落吗？》，《社会学研究》2004 年第 6 期；王天夫、王丰：《中国收入中的集团因素：1986—1995》，《社会学研究》2005 年第 3 期。

② 李真男：《社会分层、收入差异和机关事业单位养老保险的可能取向》，《财政金融》2013 年第 2 期。

③ [丹]考斯塔·艾斯平-安德森：《福利资本主义的三个世界》，郑秉文译，北京：法律出版社，2004 年，第 62 页。

于私有部门的就业者。本章所关注的问题是，社会保障的再分配对哪些阶层有利，这些阶层是如何获得社会保障再分配的。

第一节　社会保障的阶层差别描述

本章数据仍来源于2008年中国综合社会状况调查。本节所考察的是社会保障在各阶层之间的分布。在CGSS(2008)问卷中，我们获得了关于社会阶层结构的信息①。问卷中对社会阶层结构的测量采用的是主观测量法，一共分为10个阶层，但由于所得样本量在交互分类时，出现了空单元格，我们将10个阶层合并为5个阶层，得分1/2为上层、3/4为中上层、5/6为中层、7/8为中下层、9/10为下层。在剔除缺失值后，样本量为1637。市场转型社会的阶层分化主要是经济分层，5个阶层的经济收入存在差异。本章所考察的经济收入主要是职业年收入。问卷中的a21a问题测量了样本2007年全年的职业收入总和。见表4-1。

表4-1　　**阶层等级与职业年平均收入(元)**

	obs	mean	Std. dev
上层	32	51425.00	108051.30
中上层	189	30948.68	47083.87
中层	858	24064.16	39600.90
中下层	405	19598.58	28086.90
下层	153	15807.19	14507.18
总计	1637	23517.33	39280.70

一、阶层等级与社会保障

阶层等级与社会保险获得得分的交互表(表4-2)显示，阶层等级与

① D2a问题是：在我们的社会里，有些群体居于顶层，有些群体则处于底层，“10”分代表最底层，“1”分代表最顶层，您认为您自己在哪个等级上？

社会保险获得之间的关联度具有统计显著性，Gamma 系数与 Kendall's tau-b 系数均为负值，但数值较小。这说明，阶层等级与社会保险获得之间存在微弱的负相关，即阶层等级(赋值越小，等级越高)越低，社会保险获得的机会越小。体制内、外各阶层社会保险平均得分显示，体制内各阶层的社会保险平均得分明显高于体制外相应各阶层的社会保险平均得分。其中，差距最大的是体制内下层社会保险平均得分(2)高出体制外下层社会保险平均得分(0.859)1.141。这表明，体制内各阶层等级再分配的收益要高于体制外相应各阶层等级的再分配收益，这证实了研究假设 10。

从各阶层社会保险的平均得分来看，除了上层社会保险平均得分外，其余各阶层社会保险的平均得分随阶层等级下降而下降，其中，中上层社会保险的平均得分最高，下层社会保险的平均得分最低。因此，当前的社会保障制度缩小了上层至中间三个阶层的社会分化，但是下层平均职业年收入与社会保险平均得分均最低，社会保障制度扩大了下层与其余阶层的社会分化。

表 4-2　**阶层等级与社会保险**

社会保险情况		d2a. 您认为您自己在哪个等级上(%)				
		上层	中上层	中层	中下层	下层
全部劳动力	无任何	37.50	24.34	26.69	31.11	47.06
	有一项	12.50	5.82	8.16	9.140	3.92
	有两项	28.13	34.92	28.55	28.15	19.61
	有三项	21.88	34.92	36.60	31.60	29.41
平均得分		1.344	1.804	1.751	1.602	1.314

Pearson　chi2(12) = 38.54　Pr = 0.000

gamma = −0.099　ASE = 0.032　Kendall's tau-b = −0.0669　ASE = 0.046

续表

社会保险情况		d2a. 您认为您自己在哪个等级上(%)				
		上层	中上层	中层	中下层	下层
体制外劳动力	无任何	52.94	43.42	46.15	45.96	63.04
	有一项	11.76	2.630	6.040	6.060	3.260
	有两项	17.65	30.26	22.25	26.77	18.48
	有三项	17.65	23.68	25.55	21.21	15.22
平均得分		1	1.342	1.272	1.232	0.859
Pearson chi2(12) = 16.47 Pr = 0.171						
Gamma = -0.0984 ASE = 0.0470 Kendall's tau-b = -0.0649 ASE = 0.031						
体制内劳动力	无任何	20	11.50	12.35	16.91	22.95
	有一项	13.33	7.96	9.72	12.08	4.92
	有两项	40	38.05	33.20	29.47	21.31
	有三项	26.67	42.48	44.74	41.55	50.82
平均得分		1.733	2.115	2.103	1.957	2
Pearson chi2(12) = 16.11 Pr = 0.186						
Gamma = -0.0281 ASE = 0.046 Kendall's tau-b = -0.0182 ASE = 0.030						

在控制劳动力市场后，体制内、外劳动力所处阶层等级与其社会保障获得之间的关联度均不具有统计显著性。这表明，上述阶层等级与社会保障获得之间的负相关关系，主要是由体制性分割的劳动力市场实施不同的社会保障制度所带来的。因此，我们进一步比较了各阶层内体制内外社会保障的差异。

体制内上层的人平均职业年收入要远远低于体制外上层的人平均职业年收入。相比体制外上层，体制内上层有更多获得社会保险的机会。但是在上层阶层，社会保险获得与劳动力所处的市场之间的关联度并不具有统计显著性。不过，从体制内外上层社会保险的平均得分来看，体制内上层的平均得分(1.733)要高于体制外上层(1)。因此，社会保障缩小了体制内/外上层之间因职业收入导致的分化。从体制内上层与体制内其余阶层社会保险的平均得分来看，体制内上层的得分最低（1.733），体制内中上层的得分最高，其次是中层和中下层得分。这说明，体制内上层虽然职业年平均收入最高，但在社会保险上较低的平均得分缩小了与中上层、中层及中下层因职业年收入所产生的分化，扩大了与体制内下层因职业年收入所产生的分化。比较体制内上层与体制外各阶层的职业年平均收入和社会保险得分发现，体制内上层的职业年平均收入低于体制外上层及中上层的职业年平均收入，均高于体制外其余阶层的职业平均年收入；体制内上层的社会保险得分高于体制外所有阶层的社会保险得分。这表明，体制内上层通过社会保险缩小了与体制外上层及中上层因职业年收入产生的分化，进一步扩大了与体制外其余阶层因职业年收入所导致的分化。

体制内中上层、中层及中下层的平均职业年收入均低于体制外相应阶层的平均职业年收入。各阶层因所处体制不同，而导致社会保险获得上的差异，且这种差异具有统计显著性。这种差异表现为，相比体制外中上层、中层及中下层，体制内相应的各阶层获得更多社会保险。比较它们之间在社会保险上获得平均得分，体制内这三个阶层的社会保险平均得分均高于体制外相应阶层的社会保险平均得分。这说明，通过在社会保险上获得更多收益，体制内中上层、中层及中下层缩小了与体制外相应阶层之间因平均职业年收入所产生的分化。

下层的平均职业年收入与社会保险得分在体制上的差异，与其余阶层不同。体制外下层的平均职业年收入和社会保险平均得分均低于体制内下层。Gamma 系数与 Kendall's tau-b 系数都是正值，具有统计显著性，且大于其余各阶层相应的系数值。这说明，社会保险不仅没有缩小，反而扩大了体制外下层与体制内下层因平均职业年收入所产生的分化。在整个阶层等级中，体制外下层在平均职业年收入和社会保险平均得分上都低于体制内外其余各阶层，体制内下层在平均职业年收入上虽然低于其余阶层，但在社会保险上的平均得分却高于体制外所有阶层，也高于体制内上层。这表明，体制内下层通过社会保险缩小了与体制内上层、体制外中下层及以上等级阶层因平均职业年收入所产生的分化，扩大了与体制外因平均职业年收入所产生的分化。

由此可见，社会保障对阶层分化的影响也出现了体制性分割。体制内通过社会保障缩小与体制外因初次分配而产生的阶层分化，而社会保障扩大了体制外因初次分配所产生的阶层分化。在体制内外，各阶层的社会保险平均得分均表现为，上层低于除下层以外的各阶层。这似乎表明，社会保障制度试图通过增加中间阶层的收益来塑造一个两头尖、中间宽椭圆形的阶层结构。见表 4-3。

表 4-3　**阶层等级、体制与社会保险**

阶层等级情况		享有的社会保险(%)和收入情况(元)				
		无任何	有一项	有两项	有三项	平均职业年收入
上层	体制外	52.94	11.76	17.65	17.65	81211.76
	体制内	20	13.33	40	26.67	31400
Pearson chi2(3) = 4.034 Pr = 0.258						
gamma = 0.443 ASE = 0.226 Kendall's tau-b = 0.281 ASE = 0.155						
中上层	体制外	43.42	2.63	30.26	23.68	36414.47
	体制内	11.50	7.96	38.05	42.48	27272.57
Pearson chi2(3) = 26.62 Pr = 0.000						
gamma = 0.459 ASE = 0.0980 Kendall's tau-b = 0.280 ASE = 0.065						
中层	体制外	46.15	6.04	22.25	25.55	26975.71
	体制内	12.35	9.72	33.20	44.74	21918.8
Pearson chi2(3) = 123.1Pr = 0.000						
gamma = 0.472 ASE = 0.0440 Kendall's tau-b = 0.294 ASE = 0.030						
中下层	体制外	45.96	6.06	26.77	21.21	21980.91
	体制内	16.91	12.08	29.47	41.55	17319.83
Pearson chi2(3) = 44.97 Pr = 0.000						
gamma = 0.434 ASE = 0.0640 Kendall's tau-b = 0.271 ASE = 0.043						

续表

阶层等级情况		享有的社会保险(%)和收入情况(元)				
		无任何	有一项	有两项	有三项	平均职业年收入
下层	体制外	63.04	3.26	18.48	15.22	15022.83
	体制内	22.95	4.92	21.31	50.82	16990.16
Pearson　chi2(3)=28.74　Pr=0.000						
gamma=0.637　ASE=0.0860　Kendall's tau-b=0.403　ASE=0.068						

二、三大社会保险的阶层差异

社会保险对阶层分化的效应，是通过具体社会保险项目来产生作用。如第二章所述，碎片化的社会保障制度为体制内外的劳动力提供的社会保险，因社会保险项目而异。接下来，我们希望进一步了解体制内外各阶层在三大社会保险项目获得上的差异。

养老保险获得与阶层之间的关联度具有统计显著性，且 Kendall's tau-b 系数值为负值，但较小。这说明，养老保险的获得与阶层等级之间存在微弱相关性，阶层等级越低，则获得养老保险的机会越小。在控制体制因素后，只有体制外的养老保险获得仍与阶层等级之间存在显著性($p<0.05$)相关，相关系数为负值。这说明，体制外，养老保险获得的机会随阶层等级而变化，阶层等级越高则机会越大；体制内，养老保险获得与阶层等级不相关。见表 4-4。

表 4-4　**阶层等级与养老保险**

养老保险情况		d2a. 您认为您自己在哪个等级上？(%)				
		上层	中上层	中层	中下层	下层
全部样本	无	46.88	31.22	33.68	39.01	51.63
	有	53.13	68.78	66.32	60.99	48.37
Pearson　chi2(4)=22.8652　Pr=0.000						
Kendall's tau-b=-0.0826　ASE=0.023						

续表

养老保险情况		d2a. 您认为您自己在哪个等级上？(%)				
		上层	中上层	中层	中下层	下层
体制外	无	58. 82	46. 05	50. 82	51. 52	67. 39
	有	41. 18	53. 95	49. 18	48. 48	32. 61
Pearson chi2(4)= 10. 1946　　Pr=0. 037						
Kendall's tau-b=-0. 0734　　ASE=0. 034						
体制内	无	33. 33	21. 24	21. 05	27. 05	28. 78
	有	66. 67	78. 76	78. 95	72. 95	72. 13
Pearson chi2(4)= 4. 8644　　Pr=0. 301						
Kendall's tau-b=-0. 0466　　ASE=0. 032						

医疗保险的获得与阶层等级之间的关联性具有统计显著性，且 Kendall's tau-b 系数为较小的负值。这说明，阶层等级影响了医疗保险的获得，阶层等级越高，医疗保险获得的机会越大。控制体制性因素后，在体制外，医疗保险获得与阶层等级之间的关联性在 0. 05 的水平上显著，Kendall's tau-b 系数为较小负值。这说明，体制外医疗保险获得与阶层等级之间存在微弱的相关性，阶层等级越高，获得医疗保险的机会越大。在体制内，医疗保险获得与阶层等级之间的关联性在 0. 05 的水平上不显著。这表明，体制内医疗保险获得与阶层等级之间没有相关性。见表 4-5。

表 4-5　　**阶层等级与医疗保险**

医疗保险情况		d2a. 您认为您自己在哪个等级上？(%)				
		上层	中上层	中层	中下层	下层
全部样本	无	43. 75	25. 40	28. 90	34. 57	49. 02
	有	56. 25	74. 60	71. 10	65. 43	50. 98
Pearson chi2(4)= 31. 1502　　Pr=0. 000						
Kendall's tau-b=-0. 0966　　ASE=0. 024						

续表

医疗保险情况		d2a. 您认为您自己在哪个等级上？（%）				
		上层	中上层	中层	中下层	下层
体制外	无	64.71	44.74	48.08	48.99	65.22
	有	35.29	55.26	51.92	51.01	34.78
Pearson chi2(4) = 11.3891　Pr = 0.023 Kendall's tau-b = -0.0655　ASE = 0.034						
体制内	无	20.00	12.39	14.78	20.77	24.59
	有	80.00	87.61	85.22	79.23	75.41
Pearson chi2(4) = 8.1623　Pr = 0.086 Kendall's tau-b = -0.0809　ASE = 0.032						

我们对失业保险和阶层等级之间的关系也做了相同的分析。分析发现，失业保险获得与养老保险、医疗保险不同，无论是从整个劳动力群体来看，还是从体制性分割的劳动力群体来看，失业保险获得与阶层等级之间都没有相关性；从 Kendall's tau-b 系数值来看，体制内失业保险获得与阶层等级之间存在微弱负相关，即体制内阶层等级越高越不利于失业保险的获得，体制外失业保险的获得与阶层等级存在微弱正相关，即体制外阶层等级越高越有利于失业保险的获得。见表 4-6。

表 4-6　　**阶层等级与失业保险**

失业保险情况		d2a. 您认为您自己在哪个等级上？（%）				
		上层	中上层	中层	中下层	下层
全部样本	无	75.00	62.96	62.35	66.17	67.97
	有	25.00	37.04	37.65	33.83	32.03
Pearson chi2(4) = 4.6497　Pr = 0.325 Kendall's tau-b = -0.0261　ASE = 0.023						

续表

失业保险情况		d2a. 您认为您自己在哪个等级上？（%）				
		上层	中上层	中层	中下层	下层
体制外	无	76.47	75.00	73.90	76.26	81.52
	有	23.53	25.00	26.10	23.74	18.48
Pearson chi2(4) = 2.3893　　Pr = 0.665 Kendall's tau-b = −0.0394　ASE = 0.033						
体制内	无	73.33	54.87	53.85	56.52	47.54
	有	26.67	45.13	46.15	43.48	52.46
Pearson chi2(4) = 3.7693　　Pr = 0.438 Kendall's tau-b = 0.0160　　ASE = 0.031						

我们比较了各阶层三大社会保险获得因体制而存在的差异。体制内各阶层医疗保险覆盖率与体制外各阶层医疗保险覆盖率的差值，均大于体制内各阶层养老保险、失业保险覆盖率与体制外养老保险、失业保险覆盖率的差值。因此，从总体上看，各阶层在医疗保险获得上的体制性差异最大，在失业保险获得上的体制性差异最小。

对上层养老保险的获得来说，并不存在体制性差异($p = 0.149$)，但在其他阶层都存在体制性差异($p < 0.001$)，即体制内各阶层养老保险获得的机会要大于体制外相应阶层养老保险获得的机会。其中，下层养老保险获得的体制性差异最大，因为相比其他阶层，其 Kendall's tau-b 系数值最大(0.3872)且显著。体制外下层没有获得养老保险的概率是体制内下层相应概率的 5.35 倍，体制外中层没有获得养老保险的概率是体制内中层相应概率的 3.88 倍。

各阶层医疗保险的获得均存在体制性差异。上层体制性差异在 0.05 的水平上显著，其余各阶层在 0.001 的水平上显著，均表现为体制内各阶层医疗保险获得机会大于体制外相应的各阶层。其中上层医疗保险获得的体制性差异最大，依据体制不同，来预测上层医疗保险获得，可以消除 45%的误差。

在控制阶层等级之后，除了上层阶层外($p=0.838$)，其余各阶层失业保险的获得都存在体制性差异。差异主要表现为：体制内各阶层失业保险获得的机会大于体制外各阶层，其中，下层获得失业保险的体制性差异最大。体制内下层有 52.46%的人获得了失业保险，而体制外下层只有 18.48%的人获得了失业保险。见表 4-7。

表 4-7　　　　**阶层等级与三大社会保险的体制性差异**

阶层等级情况		养老保险(%)		医疗保险(%)		失业保险(%)	
		无	有	无	有	无	有
上层	体制外	58.82	41.18	64.71	35.29	76.47	23.53
	体制内	33.33	66.67	20	80	73.33	26.67
中上层	体制外	46.05	53.95	44.74	55.26	75	25
	体制内	21.24	78.76	12.39	87.61	54.87	45.13
中层	体制外	50.82	49.18	48.08	51.92	73.90	26.10
	体制内	21.05	78.95	14.78	85.22	53.85	46.15
中下层	体制外	51.52	48.48	48.99	51.01	76.26	23.74
	体制内	27.05	72.95	20.77	79.23	56.52	43.48
下层	体制外	67.39	32.61	65.22	34.78	81.52	18.48
	体制内	27.87	72.13	24.59	75.41	47.54	52.46

因此，上述分析表明，虽然社会保险对阶层分化的影响存在体制性差异，但这种差异在三大社会保险项目的表现各异。养老保险对阶层分化的影响主要表现为，缩小除上层外体制内其余阶层与体制外其余阶层之间的分化，扩大了体制外下层与其余各阶层的分化。而且对体制内各阶层来说，养老保险并没有缩小体制内各阶层分化的效应；对体制外各阶层来说，养老保险反而扩大了体制外各阶层之间的分化。医疗保险与养老保险对阶层分化的影响的差异，主要表现为：养老保险体制性差异最大的是下层，医疗保险体制性差异最大的是上层。失业保险对阶层分化的影响与养老保险、医疗保险均不相同。失业保险对阶层分化的影响

主要体现在除上层外体制内、外之间各相应阶层上，对两个体系内部不同阶层之间并无影响。

本小节还将阶层等级只按照职业年收入进行 5 等分划分，然后重复了上述分析过程。阶层划分方式改变之后，分析结果与上述相异。新的阶层等级与三大社会保险之间的关系不仅表现为体制性差异，即体制内各阶层获得三大社会保险的机会均高于体制外相应的各阶层，而且无论体制内外，个人阶层等级越高，其获得三大社会保险的机会越大。因此，单纯从经济收入来说，社会保障制度对阶层分化的影响表现为，缩小了体制内各阶层与体制外各相应阶层因职业收入所导致的分化，扩大了体制内部各阶层之间因职业收入所导致的分化。

第二节　各阶层等级与社会保险获得

上一节我们描述了各阶层社会保险的分布，尤其是比较了体制内外各阶层社会保险的分布。本节我们希望进一步了解各阶层社会保险获得的机制。各阶层社会保险获得的模型仍然以市场转型理论为基础。按照市场转型理论，体制性分割实质上是再分配权力的分布，即体制内掌握了再分配权力，而体制外则缺乏再分配权力。体制内就业者因其就业单位以及个人在单位中的位置拥有了一定的再分配权力，再分配权力在社会保障方面给予其更多的收益。体制外的就业者缺乏再分配权力，只能依靠人力资本获得收益。人力资本越多的劳动者，在市场上讨价还价的能力越强，不仅能借此要求更多的社会保障收益，也增强了自身购买社会保险的实力。在考虑社会阶层分化之后，体制内劳动者阶层等级越高，则表示其掌握的再分配权力越大，而再分配权力又关系到社会保障的收益；体制外劳动者阶层等级越高，则表示其掌握的人力资本越多，更多的人力资本会带来更高程度的社会保障。

在模型中，我们加入了新变量“职业年收入对数”与“阶层等级”。之所以将职业年收入做对数处理，主要基于职业年收入是正偏态分别。各变量的信息如表 4-8 所示。

表 4-8　　**模型中的变量**

Variable	Obs	Mean	Std. Dev.	Min	Max
社会保险得分	1637	1.671	1.224	0	3
阶层等级	1637	3.280	0.859	1	5
职业年收入对数	1637	9.717	0.792	6.215	13.82
体制分割	1637	0.544	0.498	0	1
单位规模对数	1637	4.973	2.167	0	11.51
管理者	1637	0.301	0.459	0	1
政治面貌	1637	0.180	0.384	0	1
受教育程度	1637	2.854	0.956	1	4
技术职称	1637	3.502	0.870	1	4
年龄	1637	36.71	10.84	18	80
年龄平方	1637	1465	879.3	324	6400
性别	1637	0.608	0.488	0	1
户籍等级	1637	3.864	1.780	1	6

一、模型拟合优度评估

本节一共有 8 个模型，模型(2)—(8)等同于将模型(1)中的变量“体制分割”与“阶层等级”做交互处理后的效果。因此，我们只评估了主模型的拟合优度。模型(1)的回归结果表明，从整体上看，回归方程对数据拟合较好。在迭代开始时，对数似然值是-2101.8928，最终迭代后，对数似然值是-1780.3543。因此，$X^2 = -2[-2101.892-(-1780.3543)]=643.08$。这个卡方值在对应 12 个自由度时的概率是 0.000(Prob>chi2=0.000)。结果表明，模型(1)中所纳入的解释变量对因变量有显著影响，伪 R^2(pseudo R^2)的值为 0.153。

模型(1)的比率数(平行线)假设不成立，卡方值为 106.90，$p=0.000$。具体来说，变量“体制分割”“户籍等级”“受教育程度”和“技术职称”等没有通过比率数假设检验，卡方值分别为 21.58、10.69、

8.53、7.52。但基于因变量的定序属性和简约性考虑，我们还是采用了常规的定序逻辑斯蒂回归模型。

由于阶层等级与收入、管理者身份、受教育程度等变量密切相关，为避免自变量之间的多重共线性，我们对模型(1)中变量“阶层等级”与其他自变量做了 Wald 检验。检验结果显示，“阶层等级”的回归系数并不与其余任何一个自变量的回归系数相关。因此，模型(1)并不存在多重共线性。见表 4-9。

表 4-9　　　　　　**阶层等级社会保险获得的回归结果**

社会保险	模型(1) 全样本	模型(2) 体制内	模型(3) 体制外	模型(4) 上层	模型(5) 中上层	模型(6) 中层	模型(7) 中下层	模型(8) 下层
阶层等级	0.124* (0.060)	0.193* (0.085)	0.095 (0.089)					
收入对数	0.679*** (0.079)	0.779*** (0.114)	0.623*** (0.114)	1.656* (0.676)	0.416 (0.259)	0.655*** (0.113)	0.717*** (0.164)	1.413*** (0.311)
体制分割	0.471*** (0.057)	0.288** (0.100)		1.392* (0.674)	0.575** (0.187)	0.421*** (0.076)	0.437*** (0.117)	1.059*** (0.243)
单位规模	0.178*** (0.024)	0.073* (0.033)	0.278*** (0.038)	0.924* (0.389)	0.190* (0.081)	0.239*** (0.034)	0.093+ (0.049)	0.217* (0.089)
管理者	−0.090 (0.123)	−0.290+ (0.159)	0.173 (0.199)	1.296 (1.347)	−0.407 (0.364)	−0.017 (0.162)	−0.147 (0.274)	−0.103 (0.644)
党员	−0.133 (0.142)	−0.120 (0.166)	−0.062 (0.317)	−4.206+ (2.294)	−0.313 (0.420)	−0.157 (0.194)	0.035 (0.321)	0.216 (0.577)
教育程度	0.415*** (0.066)	0.193* (0.093)	0.582*** (0.100)	1.064 (0.798)	0.986*** (0.215)	0.268** (0.094)	0.391** (0.129)	0.404 (0.248)
技术职称	−0.198** (0.065)	−0.259** (0.082)	−0.106 (0.117)	1.705* (0.808)	−0.041 (0.179)	−0.284** (0.090)	−0.185 (0.141)	−0.088 (0.347)
年龄	0.081** (0.026)	0.030 (0.035)	0.124* (0.053)	−0.565 (0.465)	0.019 (0.090)	0.095** (0.033)	0.115+ (0.059)	0.198 (0.130)
年龄平方	−0.001** (0.000)	−0.001 (0.000)	−0.001* (0.001)	0.006 (0.006)	−0.000 (0.001)	−0.001** (0.000)	−0.001* (0.001)	−0.002 (0.001)
性别	−0.068 (0.103)	0.193 (0.141)	−0.313* (0.156)	3.100* (1.424)	−0.303 (0.334)	−0.219 (0.141)	0.375+ (0.211)	−0.333 (0.413)

续表

社会保险	模型(1) 全样本	模型(2) 体制内	模型(3) 体制外	模型(4) 上层	模型(5) 中上层	模型(6) 中层	模型(7) 中下层	模型(8) 下层
户籍等级	-0.182*** (0.032)	-0.285*** (0.048)	-0.103* (0.045)	-1.784** (0.674)	-0.284** (0.106)	-0.171*** (0.044)	-0.236*** (0.067)	0.053 (0.111)
cut1 Cons	8.926*** (1.088)	6.209*** (1.615)	10.392*** (1.595)	13.478+ (7.921)	6.915* (3.142)	7.935*** (1.433)	8.848*** (2.239)	20.346*** (5.133)
cut2 Cons	9.420*** (1.091)	7.014*** (1.618)	10.686*** (1.598)	15.463+ (8.085)	7.376* (3.150)	8.471*** (1.438)	9.397*** (2.243)	20.595*** (5.140)
cut3 Cons	11.002*** (1.101)	8.785*** (1.628)	12.086*** (1.610)	18.603* (8.403)	9.457** (3.177)	10.062*** (1.451)	11.001*** (2.264)	21.902*** (5.175)
N	1637	890	747	32	189	858	405	153
R^2	0.154	0.120	0.138	0.489	0.184	0.152	0.153	0.229

Standard errors in parentheses, $^{+}p < 0.10$, $^{*}p < 0.05$, $^{**}p < 0.01$, $^{***}p < 0.001$

二、回归结果分析

1. 体制性分割与社会保险获得

阶层等级的回归系数在模型(1)与(2)中为正值，且在0.05的水平上具有统计显著性，但在模型(3)中不具有统计显著性。这表明，总体上，阶层等级越低(阶层等级越高，赋值越小)，个人获得社会保险的机会越大；但是控制体制分割之后，这样的关系只存在于体制内劳动者社会保险的获得上，而在体制外，劳动者社会保险获得与阶层等级之间并不存在这样的关系。这说明，如果说社会保险具有缩小阶层分化的效应，这种效应也只存在于体制内，这也证实了研究假设14：相比体制外各阶层，体制内各阶层等级之间的社会保障再分配收益分化更小。

模型(1)以及模型(4)—(8)中变量“体制分割”的回归系数均为正值，且具有统计显著性。这表明，体制内劳动者相比体制外劳动者，拥有更多获得社会保险的机会。比较模型(4)—(8)中“体制分割”回归系数的大小，发现体制分割的作用在上层表现得更为突出，其次是下层。这说明，各阶层之间在社会保险获得上均存在体制性分割，体制内的各阶层相比体制外相应各阶层，拥有更大机会获得社会保险，这与研究假设 10 相符，即体制内各阶层的社会保障再分配收益要大于体制外相应各阶层的社会保障再分配收益。其中，体制内外上层之间社会保险获得的差异最大，其缩小阶层分化的效应也最大；体制内、外下层之间社会保险获得的差异小于上层，高于其余阶层，由于体制内下层的平均职业年收入高于体制外下层，所以社会保险在体制内外之间的差异扩大了阶层分化。

受教育程度在模型(2)与(3)中的回归系数为正向且具有统计显著性，比较受教育程度在这两个模型中回归系数的大小发现，在控制其余协变量之后，相比体制内，受教育程度在体制外各阶层获得更多社会保险中发挥了更大的作用(0.583>0.192)。尽管技术职称的回归系数只在模型(2)中具有统计显著性，但控制其余协变量之后，模型(3)中这两个变量的回归系数之和大于模型(2)。这说明，人力资本在体制外各阶层中的再分配回报率更高，这与研究假设 13 相符。

2. 阶层等级与社会保险获得

上层社会保险的获得主要与收入、体制性分割、党员身份、受教育程度、技术职称、性别和户籍等级等变量相关。相比其他阶层，收入对上层社会保险获得的影响最大，收入对数在模型(4)中的回归系数最大，为正值且显著($p<0.05$)；对政治资本的相关变量来说，只有体制性分割与党员身份影响了上层社会保险的获得，而且党员身份减少了上层获得社会保险的机会；对人力资本的相关变量来说，受教育程度与技术职称都对上层获得社会保险具有显著影响，但两个变量方向相反，受教育程度越高越有利于上层社会保险的获得，而技术职称等级越高则越不利于上层社会保险的获得。户籍等级在上层社会保险的获得中仍表现为，上层中户籍等级越高，个人获得社会保险的概率越大。

中上层社会保险获得与收入、管理者和党员身份、技术职称、年龄及性别无关。对中上层来说，政治资本中的“体制分割”和“单位规模”等组织层面变量对个人社会保险的获得有显著性影响，表现为：控制其他变量后，位于体制内且就业单位规模大的个人有更多获得社会保险的机会。人力资本中的“受教育程度”与中上层社会保险获得之间存在正相关关系，即对中上层来说，受教育程度越高，个人获得社会保险的概率越大。户籍等级对中上层社会保险获得的作用与上层类似。

中层社会保险获得与收入、体制分割、单位规模、受教育程度、技术职称以及户籍等级等变量显著相关。对中层来说，高的初次收入能提高个人社会保险获得的概率。政治资本中的体制分割和单位规模等组织层面变量对因变量有显著影响，表现为体制内和单位规模大多有利于中层获得社会保险。人力资本的两个变量对因变量的作用方向一致，即受教育程度越高，技术职称等级越高，越有利于中层获得社会保险，但相比其他阶层，受教育程度对中层获得社会保险的影响最弱。户籍等级也与中层获得社会保险具有正相关关系。

中下层社会保险的获得与收入、体制分割、受教育程度以及户籍等级显著相关。对中下层来说，收入越高越有利于个人获得社会保险；政治资本中仅有体制分割变量影响中下层社会保险获得；人力资本中受教育程度影响中下层社会保险获得，受教育程度越高越有利于个人社会保险获得；户籍等级越高中下层获得社会保险概率越高。

下层社会保险获得仅与三个变量显著相关：收入、体制分割和单位规模。对下层来说，收入高、在体制内就业且就业单位规模大都有利于他们社会保险的获得。而对其他阶层社会保险获得有显著影响的变量“受教育程度”和“户籍等级”，对下层社会保险获得并无显著影响。

受教育程度与除下层外的各阶层社会保险获得均相关，技术职称影响了上层和中层，这表明人力资本在各阶层社会保险获得中发挥了一定作用，也部分证实了研究假设11(各阶层的社会保障再分配收益与其拥有的人力资本存在正向相关关系)。所有阶层的社会保险获得均与体制性分割相关，而与其余政治资本测量无关，这说明政治资本对各阶层再分配的影响主要在组织层面发挥作用，这也部分证实了研究假设12。

依据模型(1)，我们可以计算出每一个案在因变量各取值上的概率，然后以此为基础，计算出各阶层在因变量各取值上的平均概率。上层不被任何社会保险所覆盖的平均概率以及享有三项社会保险的平均概率，均低于除下层外其余阶层相应的平均概率；中上层不被任何社会保险所覆盖的平均概率最低，而享有三项社会保险的平均概率最高；中层不被任何社会保险所覆盖的平均概率只高于中上层相应的平均概率，享有三项社会保险的平均概率只低于中上层相应的平均概率。如从各阶层在因变量各取值的平均概率来看，社会保险获得概率最大的是中上层，其余依次是中层、中下层、上层，概率最小的是下层。见表 4-10。

表 4-10　**各阶层等级社会保险获得的平均概率**

社会保险	上层	中上层	中层	中下层	下层
无任何	0. 3562	0. 2402	0. 2868	0. 3219	0. 3630
一项	0. 0813	0. 0770	0. 0803	0. 0842	0. 0911
两项	0. 2751	0. 2951	0. 2824	0. 2792	0. 2796
三项	0. 2874	0. 3877	0. 3505	0. 3147	0. 2663

同样依据模型(1)，在给定一组特定自变量(平均值)组合的情况下，我们描绘出在控制其余自变量的情况下，阶层等级变化与因变量社会保险各得分之间的概率曲线图(图 4-1)。

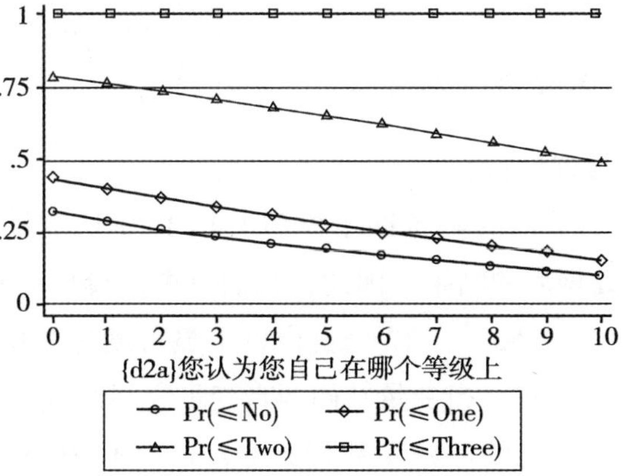

图 4-1　阶层等级与社会保险获得概率

由于阶层等级赋值是反向赋值，即等级越高赋值越小，所以，曲线从左上方向右下方倾斜，表示现有社会保险获得与阶层等级反相关，也即阶层等级越高，不被任何社会保险所覆盖的概率越大，而获得一项及以上社会保险的概率越小。曲线图 4-1 表现出社会保障制度具有一定缩小社会分化的效应。

第三节　三大社会保险与阶层结构

由于社会保障制度的碎片化，不同的群体在不同社会保险项目上享有不同的社会保障制度；即便是同一社会保险项目，面对不同群体也存在差异化的保障制度。所以，探讨不同阶层在社会保险获得上的差异，我们还必须关注不同阶层在同一社会保险项目获得上存在的差异。

本节采用上一节所使用的数据。但囿于现有数据结构存在的局限，对阶层结构的 5 层次划分导致上层样本数量过少(仅有 32 个样本)，在回归分析时，不能满足每个单元格频数不少于 5 的要求，模型拟合优度检验值难以服从卡方分布条件。所以，本节将 5 层次阶层等级简化为 3 层次阶层等级，将上层和中上层合并为上层，中下层和下层合并为下层。

一、养老保险与阶层等级

1. 模型拟合优度检验

模型 P-L(2)—P-L(4)等同于模型 P-L(1)中协变量“阶层等级”作二分虚拟变量处理后的结果。因此，我们只评估模型 P-L(1)。P-L(1)的 LR 卡方值为 539. 53，在 12 个自由度下显著度为 0. 000，伪 R^2 值为 0. 2508。对 P-L(1)中各自变量及两两自变量之间的 Wald 检验显示，各自变量及自变量之间的回归系数均独立。P-L(1)在 0. 5 的分割点上，总的分类正确预测率为 76. 97%。见表 4-11。

表 4-11　　　　**阶层等级与养老保险的回归结果**

养老保险	P-L(1) 全样本	P-L (2) 上层	P-L (3) 中层	P-L (4) 下层
户籍等级	−0.143 *** (0.039)	−0.256 * (0.128)	−0.131 * (0.054)	−0.121 + (0.066)
阶层等级	0.128 (0.098)			
收入对数	0.709 *** (0.099)	0.634 * (0.281)	0.601 *** (0.141)	0.963 *** (0.177)
体制分割	0.954 *** (0.143)	1.034 * (0.463)	0.986 *** (0.200)	1.064 *** (0.248)
单位规模	0.253 *** (0.032)	0.372 *** (0.110)	0.308 *** (0.046)	0.192 *** (0.053)
管理者	−0.141 (0.162)	−0.322 (0.462)	−0.082 (0.213)	−0.162 (0.322)
党员	0.058 (0.196)	−0.590 (0.526)	−0.051 (0.262)	0.655 + (0.392)
受教育程度	0.502 *** (0.082)	1.277 *** (0.266)	0.357 ** (0.119)	0.405 ** (0.134)
技术职称	−0.193 * (0.093)	0.028 (0.227)	−0.200 (0.128)	−0.368 * (0.187)
年龄	0.096 ** (0.033)	−0.103 (0.118)	0.133 ** (0.042)	0.110 + (0.064)
年龄平方	−0.001 ** (0.000)	0.002 (0.001)	−0.002 ** (0.001)	−0.001 + (0.001)
性别	−0.151 (0.131)	−0.340 (0.441)	−0.218 (0.182)	0.043 (0.226)
Cons	−10.024 *** (1.355)	−9.091 * (3.784)	−9.105 *** (1.778)	−11.475 *** (2.479)
N	1637	221	858	558
R^2	0.2508	0.3494	0.2473	0.2612

Standard errors in parentheses, $^{+}$ $p < 0.10$, * $p < 0.05$, ** $p < 0.01$, *** $p < 0.001$

2. 回归结果分析

户籍等级的回归系数在四个模型中均为负值，且具有统计显著性(在 $p<0.1$ 的水平上)。这说明，户籍等级越高，所有三个阶层养老保险的获得概率越大；其中，相比中层和下层，户籍等级在上层养老保险获得中的作用最大。收入对各阶层养老保险获得的作用与户籍等级的效应类似，收入增长对各阶层养老保险的获得具有正向效应。其中，相比上层和中层，收入增长对下层养老保险获得的影响最大。政治资本中体制分割等组织层面的协变量对各阶层养老保险的获得都有显著性影响，而个人属性的变量，如是否为管理者和党员，并不影响各阶层养老保险的获得，其中，单位规模对上层获得养老保险的作用相对最大。人力资本中的受教育程度对各阶层获得养老保险都有显著性影响，而技术职称只对下层获得养老保险具有显著性影响。这一影响表现为：受教育程度越高，各阶层获得养老保险的机会越大；技术职称等级越高，下层获得养老保险的机会越大。

依据模型 P-L(1)，我们给定了一组自变量特定组合，绘出了三个阶层获得养老保险的概率随收入对数变动的图形(图 4-2(a))。这一组自变量特定组合是县级城区户口、就业于体制外且单位规模为平均数、受过中等教育且无技术职称、40 岁的非管理者、非党员男性。图形显示，在这组自变量特定组合中，体制外上层获得养老保险的概率低于中层，中层又低于下层，各概率曲线之间的距离随收入对数的增长而出现先扩大后逐渐缩小的趋势。我们比较了体制内相同一组自变量组合下三个阶层获得养老保险的概率随收入对数变动的图形(图 4-2(b))。体制内各阶层获得养老保险的概率曲线表现与体制外类似，相同协变量组合下，体制内各阶层获得养老保险的概率要高于体制外各阶层。两个图形中，三个阶层获得养老保险的概率曲线均随收入增长而收敛，表示养老保险对阶层分化的影响随收入增加而逐渐消失，但体制外在中间收入区间，三个阶层养老保险获得概率曲线的距离最大，而体制内在收入较低区间，三个阶层养老保险获得概率曲线的距离最大。

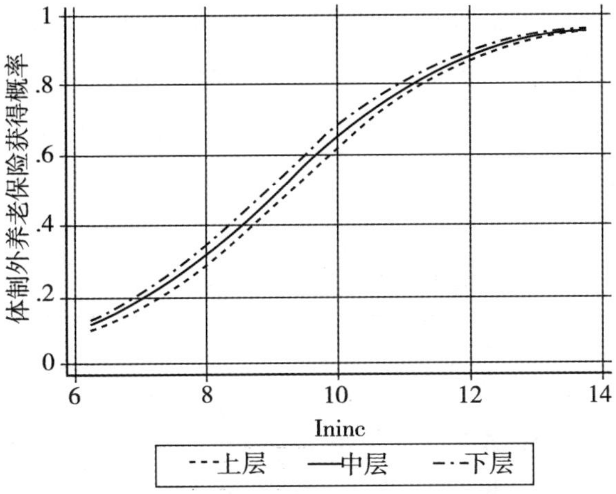

（a）

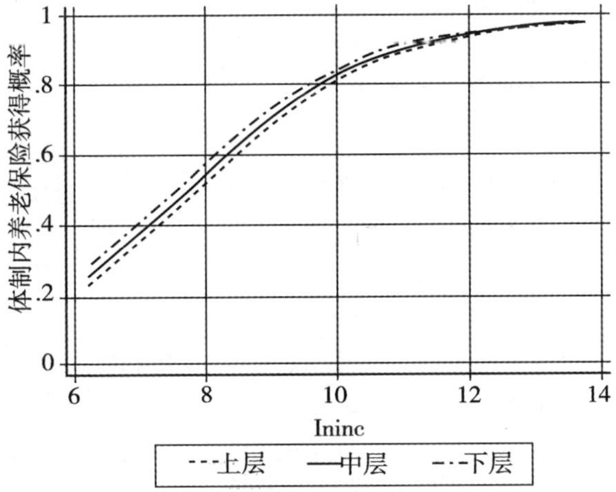

（b）

图 4-2　收入对数与养老保险获得概率

二、医疗保险与阶层等级

1. 模型拟合优度评估

医疗保险获得的回归模型与养老保险类似，也是将模型 H-L(1)中的协变量阶层等级作二分虚拟变量处理后，可分解为模型 H-L(2)—H-

L(4)。因此，我们也只评估模型 H-L(1)。其 LR 卡方值为 532.02，在 12 个自由度下显著度为 0.000，伪 R^2 值为 0.2614。对 H-L(1) 中各自变量及两两自变量之间的 Wald 检验显示，各自变量及自变量之间的回归系数均独立。H-L(1) 在 0.5 的分割点上，总的分类正确预测率为 77.64%。见表 4-12。

表 4-12　　**阶层等级与医疗保险的回归结果**

医疗保险	H-L(1) 全样本	H-L (2) 上层	H-L (3) 中层	H-L (4) 下层
户籍等级	−0.125** (0.040)	−0.267+ (0.142)	−0.090 (0.056)	−0.143* (0.067)
阶层等级	0.105 (0.101)			
收入对数	0.698*** (0.101)	0.616+ (0.316)	0.698*** (0.148)	0.850*** (0.172)
体制分割	1.283*** (0.148)	1.934*** (0.543)	1.337*** (0.210)	1.333*** (0.255)
单位规模	0.189*** (0.032)	0.470*** (0.125)	0.279*** (0.047)	0.054 (0.053)
管理者	0.039 (0.171)	−0.320 (0.529)	0.221 (0.228)	−0.172 (0.338)
党员	0.141 (0.213)	−0.419 (0.622)	−0.185 (0.282)	1.043* (0.434)
受教育程度	0.421*** (0.085)	1.449*** (0.308)	0.244+ (0.125)	0.402** (0.138)
技术职称	−0.409*** (0.109)	−0.048 (0.260)	−0.409** (0.151)	−0.742** (0.230)
年龄	0.038 (0.034)	−0.209 (0.141)	0.036 (0.045)	0.142* (0.066)
年龄平方	−0.000 (0.000)	0.003+ (0.002)	−0.000 (0.001)	−0.002* (0.001)

续表

医疗保险	H-L(1) 全样本	H-L (2) 上层	H-L (3) 中层	H-L (4) 下层
性别	−0.163 (0.135)	−0.204 (0.502)	−0.258 (0.190)	−0.030 (0.228)
Cons	−7.622*** (1.376)	−7.864+ (4.217)	−7.352*** (1.837)	−8.815*** (2.490)
N	1637	221	858	558
R^2	0.2614	0.4373	0.2573	0.2670

Standard errors in parentheses, + $p < 0.10$, * $p < 0.05$, ** $p < 0.01$, *** $p < 0.001$

2. 回归结果分析

户籍等级的回归系数在模型 H-L(2)中为负值，在 0.01 的水平上具有统计显著性，在模型 H-L(4)中在 0.05 的水平上具有统计显著性，但在模型 H-L (3)中不具有统计显著性。这表明，户籍等级的高低影响了上层和下层医疗保险的获得，但不影响中层医疗保险的获得。户籍等级越高，上层和下层获得医疗保险的机会越大。收入对各阶层医疗保险的获得均有显著性影响，表现为：收入越高，各阶层获得医疗保险的机会越大。其中，相对上层和中层，收入增长对下层医疗保险获得的影响最大。政治资本中组织层面的协变量体制分割，对各阶层医疗保险的获得均有显著性影响，但单位规模只对上层和中层医疗保险的获得有显著性影响。而政治资本中个人属性的协变量中，只有党员身份对下层医疗保险的获得具有显著性影响，表现为：党员身份有利于下层医疗保险的获得。除了技术职称对上层医疗保险的获得没有显著性影响外，人力资本的各协变量对各阶层获得医疗保险均有显著性影响，表现为：受教育程度越高，技术职称等级越高，越有利于各阶层医疗保险的获得。其中，相比其他阶层，受教育程度对上层获得医疗保险的作用最大，技术职称对下层医疗保险获得的作用最大。年龄只对下层医疗保险的获得具有倒 U 形效用。

依据模型 H-L(1)，我们给定了一组自变量特定组合，绘出了三个阶层获得医疗保险的概率随收入对数变动的图形(图 4-3(a))。这

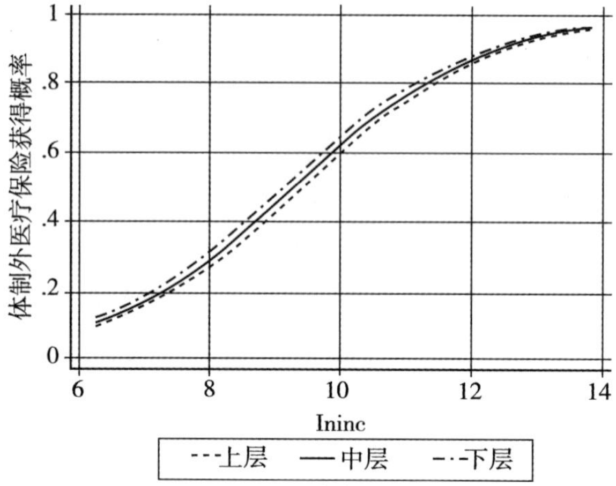

（a）

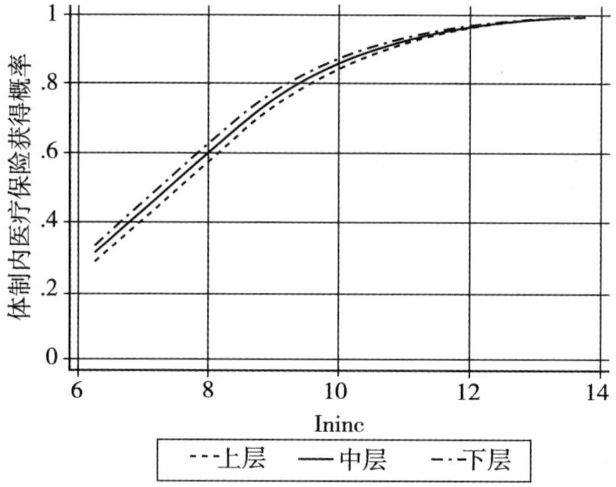

（b）

图 4-3　收入对数与医疗保险获得概率

一组自变量特定组合是县级城区户口、就业于体制外且单位规模为平均数、受过中等教育且无技术职称、40 岁的非管理者、非党员男性。图形显示，在这组自变量特定组合中，体制外上层获得医疗保险的概率低于中层，中层又低于下层，各概率曲线之间的距离随收入对数的增长而出现先扩大后逐渐缩小的趋势。我们比较了体制内相同一组自变量组合下三个阶层获得医疗保险的概率随收入对数变动的图形(图4-3(b))。体制内各阶层获得医疗保险的概率曲线表现与体制外类似，相同协变量组合下，体制内各阶层获得医疗保险的概率要高于体制外各阶层。医疗保险的概率曲线同样显示，体制内外各阶层医疗保险获得的概率差距随收入增长而逐渐消失，但是在收入水平较低时，体制内各阶层失业保险获得的概率差距最大，因而其缩小阶层分化效应最为明显。

三、失业保险与阶层等级

1. 模型拟合优度评估

失业保险获得的回归模型与医疗保险类似，也是将模型 U-L(1)中的协变量阶层等级作二分虚拟变量处理后，可分解为模型 U-L(2)—U-L(4)。因此，我们也只评估模型 H-L(1)。其 LR 卡方值为 379. 19，在 12 个自由度下显著度为 0. 000，伪 R^2 值为 0. 1775。对 U-L(1)中各自变量及两两自变量之间的 Wald 检验显示，各自变量及自变量之间的回归系数均独立。U-L(1)在 0. 5 的分割点上，总的分类正确预测率为 72. 14%。见表 4-13。

表 4-13　　**阶层等级与失业保险的回归结果**

失业保险	U-L(1) 全样本	U-L (2) 上层	U-L (3) 中层	U-L (4) 下层
户籍等级	−0. 216 *** (0. 038)	−0. 389 ** (0. 127)	−0. 231 *** (0. 053)	−0. 154 * (0. 066)
阶层等级	0. 240 ** (0. 092)			
收入对数	0. 678 *** (0. 099)	0. 196 (0. 253)	0. 652 *** (0. 142)	0. 977 *** (0. 183)

续表

失业保险	U-L(1) 全样本	U-L (2) 上层	U-L (3) 中层	U-L (4) 下层
体制分割	0.615 *** (0.140)	0.641 (0.391)	0.388 * (0.197)	1.133 *** (0.249)
单位规模	0.162 *** (0.029)	0.091 (0.090)	0.214 *** (0.040)	0.088 + (0.052)
管理者	−0.145 (0.145)	−0.075 (0.387)	−0.104 (0.190)	−0.261 (0.294)
党员	−0.197 (0.168)	0.038 (0.409)	−0.024 (0.228)	−0.659 + (0.342)
受教育程度	0.320 *** (0.082)	0.547 * (0.239)	0.239 * (0.118)	0.303 * (0.137)
技术职称	−0.103 (0.074)	0.053 (0.188)	−0.214 * (0.101)	0.018 (0.148)
年龄	0.074 * (0.034)	0.128 (0.113)	0.052 (0.043)	0.151 * (0.071)
年龄平方	−0.001 * (0.000)	−0.002 (0.001)	−0.001 (0.001)	−0.002 * (0.001)
性别	−0.021 (0.124)	−0.096 (0.357)	−0.247 (0.170)	0.555 * (0.233)
Cons	−10.001 *** (1.339)	−6.478 + (3.526)	−8.178 *** (1.751)	−14.436 *** (2.592)
N	1637	221	858	558
R^2	0.1775	0.1735	0.1863	0.2073

Standard errors in parentheses, $^{+}\ p < 0.10$, $^{*}\ p < 0.05$, $^{**}\ p < 0.01$, $^{***}\ p < 0.001$

2. 回归结果分析

户籍等级的回归系数在四个回归模型中均为负值，且具有统计显著性。这表明，户籍等级对各阶层失业保险的获得均有影响，户籍等级越高，各阶层失业保险获得的机会越大。其中，户籍等级对各阶层失业保险获得的作用力随阶层降低而变小。阶层等级在各阶层养老保险和医疗保险的获得中并没有显著性影响，但对各阶层失业保险的获得具有显著性影响，表现为阶层等级越高，失业保险的获得的机会越少。收入对上层失业保险的获得没有显著性影响，对中层和下层失业保险的获得具有显著性影响，表现为收入增长有利于中层和下层获得失业保险。其中，相比中层，收入增长对下层失业保险获得的影响更大一些。政治资本中，组织层面的协变量“体制分割”和“单位规模”对上层失业保险的获得没有显著性影响，对中层和下层的显著性影响表现为，位于体制内和就业单位规模大多有利于中层和下层失业保险的获得；个人属性的协变量“管理者身份”和“党员身份”对各阶层失业保险的获得均无显著性影响。人力资本中的协变量“受教育程度”对各阶层失业保险的获得均有显著性影响，“技术职称”只对中层失业保险的获得具有显著性影响，表现为：受教育程度越高越有利于各阶层失业保险的获得，技术职称等级越高越有利于中层失业保险的获得。年龄对下层失业保险的获得具有显著性的倒 U 形影响，而下层中男性相比女性有更多机会获得失业保险。

依据模型 U-L(1)，我们给定了一组自变量特定组合，绘出了三个阶层获得失业保险的概率随收入对数变动的图形(图 4-4(a))。这一组自变量特定组合是县级城区户口、就业于体制外且单位规模为平均数、受过中等教育且无技术职称、40 岁的非管理者、非党员男性。图形显示，在这组自变量特定组合中，上层获得失业保险的概率低于中层，中层又低于下层，各曲线之间的距离随收入对数的增长而逐渐扩大。我们比较了体制内相同一组自变量组合下三个阶层获得失业保险的概率随收入对数变动的图形(图 4-4(b))。右图与左图最显著的差别在于，(b)图中体制内各阶层失业保险获得的概率曲线之间的距离，随收入增长而收敛的趋势更强。

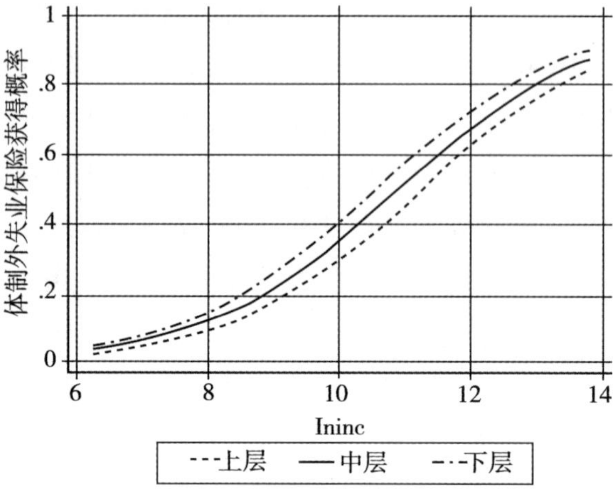

（a）

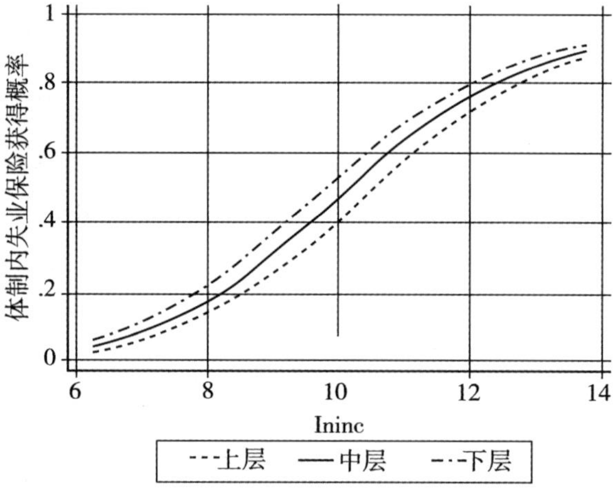

（b）

图 4-4　收入对数与失业保险获得概率

本章小结

本章讨论了社会保险在不同阶层间的分布，以及不同阶层获得社会保险的机制。对社会保险在不同阶层间的分布的讨论，主要从两个方面展开：社会保险对阶层分化的效应和三大社会保险各自对阶层分化的效应。社会保险对阶层分化的效应并不是简单地表现为缩小或扩大阶层分化，而是通过社会保险的体制性差异，更为复杂地表现为社会保险对不同阶层之间的分化有不同的效用。现有的社会保障制度缩小了体制内与体制外除下层外各阶层之间的分化，扩大了体制外下层与体制内外其余各阶层之间的分化。

虽然社会保险对阶层分化的影响存在体制性差异，但这种差异在三大社会保险项目上的表现各异。养老保险对阶层分化的影响主要表现为：缩小了除上层外体制内其余阶层与体制外其余阶层之间的分化，扩大了体制外下层与其余各阶层的分化。而且对体制内各阶层来说，养老保险并没有缩小体制内各阶层分化的效应；对体制外各阶层来说，养老保险反而扩大了体制外各阶层之间的分化。医疗保险与养老保险对阶层分化的影响的差异主要表现为：养老保险体制性差异最大的是下层，医疗保险的体制性差异最大的是上层。失业保险对阶层分化的影响主要体现在除上层外体制内、外之间各相应阶层上，对两个体系内部不同阶层之间并无影响。

基于市场转型理论，本章分析了各阶层社会保险的获得机制。在各阶层的社会保险获得中，与政治资本相关的体制性分割、与人力资本相关的受教育程度都发挥了重要作用。如果体制外各阶层的初次收入高于体制内相应的各阶层，那么体制内各阶层的社会保障收益高于体制外，体现了再分配权力在社会保障上具有缩小阶层分化的功能；受教育程度与各阶层的社会保障收益呈正相关，则体现了人力资本在社会保障收益上具有一定程度的阶层分化效应。

本章还进一步分析了各阶层获得三大社会保险的机制。阶层等级只影响了就业者失业保险的获得。因此，相比养老保险和医疗保险，失业保险更有利于阶层等级低的群体。而收入对各阶层三大社会保险的获得都有影响，收入增长有利于各阶层三大社会保险的获得，反过来收入高的群体在社会保障上的更多收益进一步扩大了阶层分化。关于政治资本和人力资本对各阶层三大社会保险获得的影响，我们通过一个表格（表

4-14）更简约地来展现。表 4-14 中“+”表示正向影响，“-”表示负向影响，单元格无符号表示单元格所对应的变量与单元格所对应的社会保险项目之间不相关。

表 4-14　　**政治资本、人力资本、阶层等级与三大社会保险**

三大社会保险		政治资本				人力资本	
		体制分割	单位规模	管理者	党员	受教育程度	技术职称
养老保险	上层	+	+（相比其余阶层有更大作用）			+（相比其余阶层有更大作用）	
	中层	+	+			+	
	下层	+（相比其余阶层有更大作用）	+			+	+
医疗保险	上层	+（相比其余阶层有更大作用）	+			+（相比其余阶层有更大作用）	
	中层	+	+			+	+
	下层	+			+	+	+（相比中层有更大作用）
失业保险	上层					+（相比其余阶层有更大作用）	
	中层	+	+（相比下层有更大作用）			+	+
	下层	+（相比中层有更大作用）	+			+	

第五章　研究总结与近十年中国社会保障发展

前面的部分，我们将市场转型理论从以往关注初次分配的获得机制，转向关注社会保障制度的再分配获得机制，从户籍制度、公私部门以及阶层等级等角度，分别讨论了政治资本与人力资本在社会保障再分配中的效应。本章将首先对前面的研究结果做一总结，然后再结合中国社会保障制度近十年来的发展讨论研究结论的适用性。

第一节　研究总结

社会保障的再分配获得机制与初次分配获得机制都与市场转型密切相关。市场转型在不同场域以不同的速率展开，正如泽林尼与科斯泰罗区分的三种市场渗透类型——不同的市场转型速率导致了不同的市场渗透类型，在不同的市场渗透类型中，政治资本和人力资本对收入分配具有不同的作用力。

一、市场转型中人力资本在社会保障再分配中的效用

(一)人力资本与城乡居民社会保障再分配

人力资本的多寡与城乡居民社会保障收益的多寡直接相关，表现为受教育程度越高，城乡居民社会保障收益越多。但城市居民的社会保障受国家庇护的程度更深，而农村居民社会保障获得更多通过个人努力，因而减弱了教育对城市居民社会保障获得的作用。所以相比城镇居民，

教育对农村居民社会保障收益具有更大影响。技术职称等级与教育对城乡居民社会保险获得的不同效应，应与技术职称评定制度相关。技术等级制度建设以及实施通常在公有单位中更为完善，技术职称是公有单位就业者获得更多经济收益的一个重要手段，尤其是在事业单位。而进入公有单位的劳动者通常具有城市户籍，所以相比农村居民，技术职称等级对城镇居民社会保险获得影响更大。人力资本在三大社会保险获得上也存在城乡差异。相比城镇居民，受教育程度对农村居民养老保险获得具有更大作用。所有类别的受教育程度都对农村居民的医疗保险获得具有作用，但对城镇居民来说，只有初中及以上受教育程度才对其医疗保险获得具有作用。受教育程度在城乡居民失业保险获得上的作用差别最为明显。城镇居民失业保险获得与受教育程度无关，而农村居民失业保险获得与受教育程度呈正相关。

（二）人力资本与公私单位社会保障再分配

市场转型提升了人力资本的回报。私有单位市场化程度最深，相比公有单位，拥有更多的人力资本对私有单位就业者获得更多社会保障带来更多机会。在公有单位的三种单位中，因国有企业最接近市场，相比党政机关和事业单位就业者，人力资本对国有企业就业者获得更多社会保障具有更大效应。人力资本对三大社会保险获得的作用在公私单位中也具有差异。相比公有单位，人力资本在私有单位中对劳动力养老保险的获得具有更大作用力。在公有单位中，人力资本对劳动力养老保险获得的作用力在国有企业中最为显著，其次是事业单位。相比公有单位，人力资本对医疗保险获得的作用在私有单位中更小。在公有单位中，人力资本对医疗保险获得的作用在国有企业中最为显著。人力资本只在私有单位和公有单位中的国有企业之中对失业保险的获得具有效用。

（三）人力资本与不同阶层的社会保障再分配

受教育程度与除下层外的各阶层社会保障再分配获得均相关，技术职称影响了上层和中层的社会保障再分配。这表明人力资本在社会保障收益上具有一定程度的阶层分化效应。相比中层与下层，受教育程度对上层获得三大社会保险效用最大，而技术职称则对下层获得失业保险效用最大。对于上层阶层而言，人力资本对其三大社会保险的获得均无效用。

二、市场转型中政治资本在社会保障再分配中的效用

(一)政治资本与城乡居民社会保障再分配

政治资本对城乡居民社会保障再分配获得均有影响，总体表现为一种空间等级现象。这种社会保障再分配的空间等级现象，实质上是政治资本对社会保障再分配的影响在集团层面的展现，即户籍制度等级反映的是居民所生活的区域所具有的政治权力(行政等级)，户籍等级越高则居民所生活的区域具有的政治权力越大，差异化的政治权力资源为不同户籍等级居民带来差异化的社会保障再分配。而且，政治资本对城乡居民社会保障再分配的影响更多的是通过工作单位来体现的。相比农村居民，工作单位对城镇居民社会保障再分配的影响更大一些。另外，政治资本对城乡居民获得三大社会保险的影响也存有城乡差异。相比农村居民，工作单位对城镇居民获得养老保险和医疗保险具有更大效用；干部身份只是有利于农村居民养老保险的获得；工作单位和干部身份并不影响城镇居民失业保险的获得，而党员身份不利于城镇居民养老保险的获得，也不利于农村居民失业保险的获得。

(二)政治资本与公私单位社会保障再分配

从总体上来看，因拥有再分配权力，相比私有单位，公有单位给本单位的就业者提供了更大机会获得更多的社会保险。所以，就业者拥有的政治资本越多，其获得更多社会保险的机会越大。但政治资本的效用主要体现在组织层面，如就业单位和单位规模大小，个人层面的政治资本，如管理者和党员身份，并没有为公有单位就业者获得更多社会保险带来更大机会。政治资本对城乡居民社会保障再分配的效应，也因社会

保险项目不同而存在差异。公有单位规模对事业单位和国有企业中的就业者养老保险和医疗保险的获得具有效用，以及与国有企业就业者失业保险获得相关。

(三)政治资本与各阶层等级社会保障再分配

政治资本对各阶层等级社会保障再分配的作用，主要体现为体制性分割。这一点与政治资本对公私单位就业者社会保障再分配获得的影响如出一辙，即体制内各阶层等级的社会保障再分配收益均大于体制外相应各阶层等级的社会保障再分配收益。

三、简要总结

依据上述研究结论，我们可以对市场转型理论对中国城乡居民社会保障再分配的效用作一简要总结。

第一，政治资本和人力资本对中国城乡居民社会保障再分配的作用契合了泽林尼与科斯泰罗理论观点：市场渗透类型不同，政治资本和人力资本对再分配的效用不同。在市场发育程度更高的区域，人力资本对再分配收益的作用更为显著；反之，则政治资本对再分配收益的作用更为显著。中国市场转型速率因区域与单位而异，城市社会市场发育程度相比农村社会更高，私有单位比公有单位市场发育程度更高，在公有单位中国有企业参与市场竞争，因而市场规则在国有企业中相比事业单位和党政机关发挥更大作用。因而人力资本对城市社会中就业于私有单位的居民的再分配收益作用最大。但与此同时，政治资本在社会主义中国对城乡居民再分配仍发挥着重要作用。社会空间等级预示着政治资本的多寡，政治资本更多存在于城市社会以及公有单位之中。所以，城市居民相比农村居民、公有单位就业者相比私有单位就业者，享有更多的再分配收益。

第二，再分配在社会各群体中的分布更多表现为集团现象。这种再分配的集团现象多与政治资本相关：户籍等级越高，居民的再分配收益越高；公有单位就业者的再分配收益高于私有单位就业者的再分配收益；规模较大的私有单位就业者的再分配收益，高于规模相对较小的私有单位就业者的再分配收益。但是市场转型给予城乡居民更多机会通过人力资本获得再分配收益。人力资本对城乡居民再分配收益的效用与市场发育程度相关：市场发育程度越高，人力资本对城乡居民获得再分配收益的作用越显著。

第三，社会保障的再分配对缩小贫富差距的效应有限。社会保障制度发挥缩小贫富差距的作用主要表现为：缩小了公有部门群体在初次分配上与私有部门群体的差距。而在城乡之间，尤其是初次分配收入位于底层的私有部门群体与其余阶层群体之间的分化，反而因社会保障制度的再分配得到进一步加强。在各种利益群体之中——城乡居民、公私部门就业群体以及各阶层等级，获得社会保障再分配的机制各不相同。从总体上来说，与诸多学者对初次分配获得机制分析的结论类似：在现行社会保障制度背景下，政治资本和人力资本对各利益群体再分配的获得都具有效应，但在不同的利益群体中发挥的效应存在差异。在各利益群体中，拥有更多的政治资本和人力资本不仅能给个人带来更多初次收入回报，也能给其带来更多再分配收益。毫无疑问，再分配机制与初次分配机制的重叠导致收入的逆向再分配。

第二节　近十年来中国社会保障制度的“变”与“不变”

本研究所采用的数据来源于 CGSS(2008)，截至当前已有十年时间。在这十年里，中国社会保障制度已出现了较大变革。十年来的变革是否对市场转型理论应用于中国社会保障制度再分配的分析结论形成了挑战？本研究从社会保障制度十年来的“变”与“不变”两方面作一简要的理论分析。

一、中国社会保障制度近十年的变化

中国社会保障制度的“变”，指的是社会保障制度框架的变化。笔者曾提出，中国社会保障制度的变化朝着两个方向：一是碎片化的社会

保障制度将得到整合，二是社会保障再分配将偏向中低收入群体。这两点在近十年中国社会保障制度的变化中得到了印证。

（一）中国社会保障制度的整合

社会保障制度的整合主要体现在两个方面：机关事业单位养老保险制度的并轨和城乡医疗保障制度的融合。本研究所采用的数据所关涉的养老保险制度主要由四部分构成——公共部门退休金制度、城镇职工养老保险制度、城镇居民养老保险制度和农村养老保险制度。对城镇居民而言，养老保险制度实行双轨制，不同用工性质采用不同的养老制度。在 2014 年之前，因市场经济改革，企业实行养老保险社会化，机关和事业单位仍实行单位制养老。2014 年 9 月之后，中央政府提出统一城乡养老保险制度，完善其与职工养老保险制度的衔接，并在 2015 年 1 月出台《国务院关于机关事业单位工作人员养老保险制度改革的决定》。该《决定》中，机关事业单位人员所缴纳基本养老保险的比例与企业职工一致。该《决定》的公布意味着从政策层面上实现了我国机关事业单位养老保险的“并轨”，将之整合到城镇职工养老保险制度中。

除机关事业单位养老保险制度并轨之外，中国社会保障制度的整合也在城乡医疗保障制度得到体现。2009 年 9 月，国务院根据中共十七大和十七届三中全会发布了《国务院关于开展新型农村社会养老保险试点的指导意见》，该意见指出，新农保要遵循“保基本、广覆盖、有弹性、可持续”的基本原则。截至 2015 年 5 月，除（视同）少数民族地区之外，全国共有 60 个地级市（包含 2010 年前整合城市）完成了市级层面的整合，另有多个城市在县级层面实现了整合。国务院 2016 年 1 月发文《国务院关于整合城乡居民基本医疗保险制度的意见》，该意见从覆盖范围、筹资渠道、保障待遇、医保目录、定点管理、基金管理这六个方面规定了整合的基本制度政策，中共十九大报告中也专门提出“完善统一的城乡居民基本医疗保险制度”。截至 2016 年年底，全国共有 30 个省区市和新疆生产建设兵团出台了城乡居民医保整合的文件，并作出了工作部署。

(二)加大对中低收入群体的社会保障

政府主要从政府财政支出、社会保障覆盖率、社会政策调整等方面加大对中低收入者群体的社会保障。政府用于财政性社会福利支出占财政总支出的比例，由2008年的10.87%提高到2017年的11.71%。截至当前，社会保障制度基本做到了全覆盖，各项社会保障制度覆盖人数均得到较大幅度提升，如城镇基本医疗保险覆盖人数由2008年的19995.6万人增长到2017年的117681万人，失业保险覆盖人数由2008年的12399.8万人增长到2017年的18784万人，工伤保险覆盖人数由2008年的13787.2万人增长到2017年的22724万人，城乡居民养老保险覆盖人数由2008年的5595万人增长到2017年的51255万人①；公共社会政策得到进一步完善，自2008年以来，中国在农村社会完善了新农村合作医疗保险(2009年)、机关事业单位养老保险制度并轨(2015年)、城乡居民基本医疗保险制度融合(2016年)。

二、中国社会保障制度的“不变”

尽管近十年来，中国社会保障制度展现出两个导向的变化，即整合碎片化社会保障制度和调整社会保障制度偏向中低收入群体。但是，中国社会保障制度再分配的机制仍然没有变化，政治资本和人力资本在社会保障制度的再分配中仍发挥着主要作用。因此，从覆盖率来看，社会保障制度基本做到了全覆盖；但从保障的程度来看，仍然是一个差序格局的模式。

政治资本的空间等级效应和组织效应仍然在当前的社会保障制度再分配中发挥着作用。与2008年相比，当前社会保障制度的变化主要体现在两个“整合”上。关于机关事业单位养老保险制度的整合，只是制度衔接上有了变化。《国务院关于机关事业单位工作人员养老保险制度

① 王延中、王俊霞：《改革开放40年与社会保障中国模式》，《学术界》2018年第8期。

改革的决定》中明确指出，改革的总原则为“老人老办法、新人新制度、中人逐渐过渡”。对于“老人”而言，退休后待遇并没有变化，而“中人”则要基本保持待遇不变。因此，在实际再分配中，机关事业单位养老金制度并轨并没有改变原有的实际保障程度。另外，截至当前，真正做出制度整合的还只是事业单位，国家机关单位的养老金制度还停留在原先的状态。所以，原有政治资本在社会空间等级和组织上的效应仍然存在。

人力资本对社会保障制度再分配的作用随制度整合在扩大。在之前对 CGSS(2008)的相关分析中，本研究有如下发现：人力资本对城市社会中就业于私有单位的居民的再分配收益作用最大。2008 年之前，中国社会保障制度主要表现为国家—单位保障和国家—社会保障，而近年来社会保障制度整合的主要方向是弱化国家—单位保障制度，强化国家—社会保障制度。由此，从理论上可以判定，随着社会保障制度社会化进程加快，人力资本在社会保障制度再分配中的作用会加大。

因此，尽管近十年来中国社会保障制度有了较大变革，但是中国社会保障制度的集团效应仍然存在，本研究应用市场转型理论对中国社会保障制度分析所得出的结论仍是适当的，即当前中国社会保障制度仍然保持着一个差序格局的再分配状态。

参考文献

一、中文论著

1. [美]安·A. 奥康纳尔：《定序因变量的 Logistic 回归模型》，赵亮员译，上海：格致出版社，2012 年。

2. [美]保罗·萨缪尔森、[美]威廉·诺德豪斯：《经济学》，萧琛主译，北京：人民邮电出版社，2004 年。

3. 边燕杰、吴晓刚、李路路：《社会分层与流动》，北京：中国人民大学出版社，2008 年。

4. 边燕杰：《市场转型与社会分层——美国社会学者分析中国》，北京：三联书店，2002 年。

5. 崔乃夫：《当代中国民政》，北京：当代中国出版社，1994 年。

6. 郑大松：《2011 年中国社会保障改革与发展报告》，北京：人民出版社，2011 年。

7. 郑大松等：《中国社会保障若干重大问题研究》，深圳：海天出版社，2000 年。

8. [美]戴维·格伦斯基：《社会分层》，王俊等译，北京：华夏出版社，2005 年。

9. [美]凯瑟琳·西伦：《制度是如何演化的》，王星译，上海：上海人民出版社，2010 年。

10. 胡晓义：《走向和谐：中国社会保障发展 60 年》，北京：中国劳动社会保障出版社，2009 年。

11. 胡乔木：《胡乔木回忆毛泽东》，北京：人民出版社，1994 年。

12. 景天魁、毕天云、高和荣等：《当代中国社会福利思想与制度》，北京：中国社会出版社，2011 年。

13. [丹]考斯塔·艾斯平-安德森：《福利资本主义的三个世界》，郑秉文译，北京：法律出版社，2004 年。

14. 劳动部课题组：《中国社会保障体系的建立与完善》，北京：中国经济出版社，1994 年。

15. 李春玲：《断裂与碎片——当代中国社会阶层分化实证分析》，北京：社会科学文献出版社，2005 年。

16. 李慧民总编辑：《中国劳动统计年鉴 2008》，北京：中国统计出版社，2008 年。

17. 李路路、王奋宇：《当代中国现代化进程中的社会结构及其变革》，杭州：浙江人民出版社，1992 年。

18. 李路路、边燕杰：《制度转型与社会分层——基于 2003 年全国综合社会调查》，北京：中国人民大学出版社，2008 年。

19. 李强：《中国社会变迁 30 年(1978—2008)》，北京：社会科学文献出版社，2008 年。

20. 李强：《转型时期中国社会分层》，沈阳：辽宁教育出版社，2004 年。

21. 李强：《当代中国社会分层与流动》，北京：中国经济出版社，1993 年。

22. 李强：《转型时期中国社会分层结构》，哈尔滨：黑龙江人民出版社，2002 年。

23. 李培林、李强、孙立平等：《中国社会分层》，北京：社会科学文献出版社，2004 年。

24. 李艳艳：《固化与形塑——我国社会福利制度与社会分层的关系研究》，北京：中国社会科学出版社，2011 年。

25. 刘庆乐：《权力、利益与信念——新制度主义视角下的人民公社研究》，北京：中国社会科学出版社，2010 年。

26. 陆学艺：《当代中国社会阶层研究报告》，北京：社会科学文献出版社，2002 年。

27. [德]马克斯·韦伯：《韦伯作品集(Ⅱ)：经济与历史支配的类型》，康乐、简惠美译，桂林：广西师范大学出版社，2004 年。

28. [德]马克斯·韦伯：《韦伯作品集(Ⅲ)：支配社会学》，康乐、简惠美译，桂林：广西师范大学出版社，2004 年。

29. 沈志华：《处在十字路口的选择——1956—1957 年的中国》，广州：广东人民出版社，2013 年。

30. 宋士云：《新中国社会保障制度结构与变迁》，北京：中国社会科学出版社，2011 年。

31. [美]唐启明：《量化数据分析：通过社会研究检验想法》，任强译，北京：社会科学文献出版社，2012 年。

32. [美]W. 理查德·斯格特：《制度与组织——思想观念与物质利益》，姚伟、王黎芳译，北京：中国人民大学出版社。

33. [美]魏昂德：《共产党社会的新传统主义：中国工业中的工作环境和权力结构》，龚小夏译，香港：牛津大学出版社，1996 年。

34. 卫兴华：《中国社会保障制度研究》，北京：中国人民大学出版社，1994 年。

35. 吴晓刚主编，[美]乔治·H. 邓特曼等：《广义线性模型》，上海：格致出版社，2011 年。

36. 王以才、张朴：《农村社会养老保险》，北京：中国社会出版社，1996 年。

37. 杨宜勇、吕学静：《当代中国社会保障》，北京：中国劳动保障出版社，2005 年。

38. 中华人民共和国人力资源和社会保障部：《2010 年度人力资源和社会保障事业发展统计公报》。

39. 郑功成：《中国社会保障 30 年》，北京：人民出版社，2008 年。

40. 郑功成：《从企业保障到社会保障——中国社会保障制度变迁与发展》，北京：中国劳动社会保障出版社，2009 年。

41. 郑功成：《中国社会保障改革与发展战略》，北京：人民出版社，2011 年。

42. 张军：《中国经济改革与回顾》，太原：山西经济出版社，1998 年。

43. [美]道格拉斯·C. 诺思：《制度、制度变迁与经济绩效》，杭行译，上海：格致出版社，2008 年。

44. [美]詹姆斯·S. 科尔曼：《社会理论的基础》，邓方译，北京：社会科学文献出版社，1999 年。

45. 周雪光、刘世定、折晓叶：《国家建设与政府行为》，北京：中国社会科学出版社，2012 年。

46. 曾培炎：《新中国经济 50 年(1949—1999)》，北京：中国计划出版社，1999 年。

二、中文论文

1. 边燕杰、张展新：《社会分层、住房产权与居住质量——对中国"五普"数据的分析》，《社会学研究》2005 年第 3 期。

2. 边燕杰、张展新：《市场化与收入分配——对 1988 年和 1995 年城市住房收入调查的分析》，《中国社会科学》2002 年第 5 期。

3. 蔡昉、都阳、王美艳：《户籍制度与劳动力市场保护》，《经济研究》2001 年第 12 期

4. 陈峰军：《威权主义概念与成因》，《东南亚研究》2000 年第 4 期。

5. 崔凤、孙启泮：《从历次制宪与修宪看中国社会保障发展》，《哈尔滨工业大学学报(社会科学版)》2005 年第 4 期。

6. 成海军：《计划经济时期中国社会福利制度的历史考察》，《当代中国史研究》2008 年第 5 期。

7. 蔡继明：《中国城乡比较生产力与相对收入差别》，《经济研究》1998 年第 1 期。

8. 陈那波：《海外关于中国市场转型论争十五年文献述评》，《社会

学研究》2006 年第 5 期。

9. 李涛、史宇鹏、陈斌开：《住房与幸福：幸福经济学视角下的中国城镇居民住房问题》，《经济研究》2011 年第 9 期。

10. 程永宏：《改革以来全国总体基尼系数的演变及城乡分解》，《中国社会科学》2007 年第 4 期。

11. 陈占江：《差序格局与中国社会转型》，《社会科学评论》2007 年第 3 期。

12. 陈宗胜、高连水、周云波：《基本建成中国特色市场经济体制——中国经济体制改革 30 年回顾与展望》，《天津社会科学》2009 年第 2 期。

13. 翁仁木：《我国社会保障制度与户籍制度关系变迁探讨》，《理论界》2010 年第 12 期；

14. 方春华：《从再分配到市场：市场转型与社会分层研究综述》，《南京社会科学》2006 年第 1 期。

15. 冯仕政：《中国国家运动的形成与变异：基于政体的整体性解释》，《开放时代》2011 年第 1 期。

16. 冯仕政：《人民政治逻辑与社会冲突治理：两类矛盾学说的历史实践》，《学海》2014 年第 3 期。

17. 冯筱才：《身份、仪式与政治——1956 年后中共对资本家的思想改造》，《华东师范大学(哲学社会科学版)》2012 年第 3 期。

18. 郭艳：《“大跃进”中的政治变迁与“文化大革命”的起源》，《湖北民族学院学报(哲学社会科学版)》2005 年第 2 期。

19. 顾海兵、张实桐、张安军：《我国城乡社会保障均匀度的衡量方法与测度评价》，《财贸经济》2012 年第 11 期。

20. 黄祖辉、陆建琴、王敏：《城乡收入差距问题研究——基于收入来源视角》，《浙江大学学报》2005 年第 4 期。

21. 郝铁川：《权利实现的差序格局》，《中国社会科学》2002 年第 5 期。

22. 何重达、吕斌：《中国单位制度社会功能的变迁》，《城市问题》2007 年第 11 期。

23. 纪乃旺:《当代中国单位制的形成及其特征》,《经济研究导刊》2011 年第 30 期。

24. 赖德胜:《论劳动力市场的制度性分割》,《经济科学》1996 年第 6 期。

25. 路风:《单位:一种特殊的组织形式》,《中国社会科学》1989 年第 1 期。

26. 路风:《中国单位制的起源与形成》,《中国社会科学季刊(香港)》1993 年第 5 期。

27. 李汉林:《变迁中的中国单位制度——回顾中的思考》,《社会》2008 年第 3 期。

28. 李汉林、李路路:《资源与交换——中国单位组织中的依赖性结构》,《社会学研究》1999 年第 4 期。

29. 李汉林、李路路:《单位组织中的资源获得》,《中国社会科学》1999 年第 6 期。

30. 林克雷,陈建利:《当代中国分层研究中的制度主义范式》,《社会科学研究》2005 年第 1 期。

31. 刘精明:《市场化与国家规制——转型期城镇劳动力市场中的收入分配》,《中国社会科学》2006 年第 5 期。

32. 刘继同:《生活质量与需求满足:五十年来中国社会福利研究概述》,《云南社会科学》2003 年第 1 期。

33. 刘继同:《国家与社会:社会福利体系结构性变迁规律和制度框架特征》,《社会科学研究》2006 年第 3 期。

34. 李路路:《制度转型与分层结构的变迁——阶层相对关系模式的"双重再生产"》,《中国社会科学》2002 年第 6 期。

35. 陆铭、陈钊:《城市化、城市倾向的经济政策与城乡收入差距》,《经济研究》2004 年第 6 期。

36. 刘平、王汉生、张笑会:《变动的单位制与体制内的分化——以限制介入性大型国有企业为例》,《社会学研究》2008 年第 3 期。

37. 李庆刚：《十年来“大跃进”研究若干问题综述》，《当代中国史研究》2006 年第 2 期。

38. 凌文豪：《毛泽东社会保障思想——社会主义初级阶段社会保障理论的确立》，《河南大学学报(社会科学版)》2009 年第 6 期。

39. 刘欣：《中国当前阶层分化的多元化动力基础——一种权力衍生论的解释》，《中国社会科学》2005 年第 4 期。

40. 梁玉成：《渐进转型与激进转型在初职进入和代内流动上的不同模式——市场转型模型应用与中国市场转型研究的修订》，《社会学研究》2006 年第 4 期。

41. 陆益龙：《户口还起作用吗？——户籍制度与社会分层和流动》，《中国社会科学》2008 年第 1 期。

42. 陆益龙：《1949 年后的中国户籍制度：结构与变迁》，《北京大学学报(哲学社会科学版)》2002 年第 2 期。

43. 李真男：《社会分层、收入差异和机关事业单位养老保险的可能取向》，《财政金融》2013 年第 2 期。

44. 卜长莉：《差序格局的理论诠释及现代内涵》，《社会学研究》2003 年第 1 期。

45. 渠敬东、周飞舟、应星：《从总体支配到技术治理——基于中国 30 年改革经验的社会学分析》，《中国社会科学》2009 年第 2 期。

46. 彭宅文：《财政分权、转移支付与地方政府养老保险逃费治理的激励》，《社会保障研究》2010 年第 1 期。

47. 彭宅文：《社会保障与社会公平：地方政府治理的视角》，《中国人民大学学报》2009 年第 2 期。

48. 宋宝安、李艳艳：《论社会分层与社会福利制度关系》，《社会保障研究》2009 年第 1 期。

49. 宋娟：《社会分层视角下的社会保障质量提升研究》，《社会保障研究》2012 年第 6 期。

50. 孙立平：《中国社会结构的变迁及其分析模式的转换》，《南京社会科学》2009 年第 5 期。

51. 孙立平：《实践社会学与市场转型过程分析》，《中国社会科学》2002 年第 5 期。

52. 孙立平、王汉生、王思斌、林彬、杨善华：《改革以来中国社会结构变迁》，《中国社会科学》1994 年第 2 期。

53. 宋时歌：《权力转换的延迟效应：对社会主义国家向市场转变过程中的精英再生与循环的一种解释》，《社会学研究》1998 年第 3 期。

54. 施世俊：《社会保障的地域化：中国社会公民权的空间政治转型》，《台湾社会学》2009 年第 18 期。

55. 申昱夏：《二元社会下的中国户籍制度改革》，《吕梁学院学报》2011 年第 3 期

56. 谭兵：《就业的行业分层与社会政策的影响》，《中山大学学报(社会科学版)》2011 年第 1 期。

57. 陶纪坤：《社会保障制度与城乡收入差距》，《兰州学刊》2008 年第 12 期。

58. 谭深：《城市“单位保障”的形成及特点》，《社会学研究》1991 年第 5 期。

59. 田毅鹏：《“典型单位制”的起源和形成》，《吉林大学社会科学学报》2007 年第 4 期。

60. 王明生：《“大跃进”前后毛泽东分配思想述论》，《南京大学学报(哲学·人文科学·社会科学版)》2002 年第 4 期。

61. 王韶华：《社会变迁、阶层分化和养老金制度》，《学术园地》2012 年第 7 期。

62. 王天夫、王丰：《中国收入中的集团因素：1986—1995》，《社会学研究》2005 年第 3 期。

63. 王文涛、肖国安：《建立公平的城乡社会保障制度实证分析》，《晋阳学刊》2007 年第 4 期；

64. 王小鲁、樊纲：《中国收入差距的走势和影响因素分析》，《经济研究》2005 年第 10 期。

65. 王智、丁俊萍：《政治文明视野中的政治协商制度——中国协

商性政治的历史与逻辑》,《武汉大学学报(哲学社会科学版)》2004 年第 6 期。

66. 杨翠迎:《中国社会保障制度的城乡差异及统筹改革思路》,《浙江大学学报(人文社科版)》2004 年第 3 期。

67. 杨宏星、赵鼎新:《绩效合法性与中国经济奇迹》,《学海》2013 年第 3 期。

68. 余红、刘欣:《单位与代际流动: 单位制在衰落吗?》,《社会学研究》2004 年第 6 期。

69. 杨礼琼:《从社会保障的视角审视我国户籍制度改革》,《改革与开放》2009 年 3 月刊。

70. 杨伟民:《当前中国社会保险在社会分层中的作用》,《社会学研究》2005 年第 5 期。

71. 姚先国、普赖清:《中国劳资关系的城乡户籍差异》,《经济研究》2004 年第 7 期。

72. 张春红、卓越:《国内社会保障研究的知识图谱与热点问题——基于文献计量学的共词分析视角》,《公共管理学报》2011 年第 4 期。

73. 赵鼎新:《“天命观”及政绩合法性在古代和当代中国的体现》,《经济社会体制比较》2012 年第 1 期。

74. 赵方杜:《市场转型与城市家庭的住房分化——基于 CGSS2006 数据分析》,《华东理工大学学报(社会科学版)》2013 年第 6 期。

75. 郑功成:《中国社会保障研究及理论取向》,《经济学动态》2003 年第 6 期。

76. 郑功成:《中国社会保障改革与未来发展》,《中国人民大学学报》2010 年第 5 期。

77. 张欢华:《国家社会主义市场转型: 问题和争论》,《社会》2007 年第 6 期。

78. 曾国安:《论工业化过程中导致程序居民收入差距扩大的自然因素与制度因素》,《经济评论》2007 年第 3 期。

79. 曾国安、胡晶晶：《论中国城市偏向的社会保障制度与城乡居民收入差距》，《湖北经济学院学报》2008 年第 1 期。

80. 张继海：《中国社会保障制度变迁与收入分配差距》，《大连干部学刊》2008 年第 5 期。

81. 张江华：《卡里斯玛、公共性与对中国社会有关差序格局的再思考》，《社会》2010 年第 5 期。

82. 张凌云：《中国城乡收入差距制度性成因略论》，《中南民族大学学报(人文社科版)》2006 年第 3 期。

83. 朱玲：《政府与农村基本医疗保障制度选择》，《中国社会科学》2000 年第 4 期。

84. 朱力：《户籍制度对城乡差距的影响及对策探讨》，《重庆科技学院学报(社会科学版)》2008 年第 4 期。

85. 周黎安：《中国地方官员的晋升锦标赛模式研究》，《经济研究》2007 年第 7 期。

86. 张天民：《关于中国“单位保障”形成的研究》，《辽宁师范大学学报(社会科学版)》2005 年第 6 期。

87. 赵万里、穆滢潭：《市场转型与科技人员收入差异影响因素分析：基于 2009 年调查数据的实证分析》，《广东社会科学》2014 年第 2 期。

88. 周雪光：《国家治理逻辑与中国官僚体制——一个韦伯理论视角》，《开放时代》2013 年第 3 期。

89. 周雪光、艾云：《多重逻辑下的制度变迁：一个分析框架》，《中国社会科学》2010 年第 4 期。

90. 张延明、闫越琦：《淡化户籍对社会保障的影响》，《中国社会保障研究》2009 年第 12 期。

91. 周怡：《市场转型理论与社会整合》，《社会》2005 年第 1 期。

92. 周忠丽，汤建奎：《中国经济体制改革的历程与基本经验》，《中共山西省直机关党校学报》2014 年第 5 期。

三、英文文献

1. Beckert, J. 2010. "Institutional Isomorphism Revisted: Convergence and Divergence in Institutional Change," *Sociological Theory* 28 (2), pp. 150-166.

2. Bian, Y. and Logan, J. 1996. "Market Transition and the Persistence of Power: The Changing Stratification System in Urban China," *American Sociological Review* 61, pp. 739-758.

3. Boudon, R. 1981. *The Logic of Social Action: An Introduction to Sociological Analysis*, London: Routledge and Kegan Paul.

4. Burns, T. R., Flam, H. 1987. *The Shaping of Social Organization: Social Rule System Theory with Application*, Lodon: Sage.

5. Cheng, T. Selden, M. 1994. "The Origins and Social Consequences of China's Hukou System," *The China Quarterly* 139, pp. 645-668.

6. David, P. A. "Understanding the Economics of QWERTY: The Necessity of History," In Parker, W. (ed.). *Economic History and the Mondern Economist*, London: Blackwell, pp. 30-49.

7. DiMaggio, P. J., Powell, W. W. 1983. "The Iron Cage Revisited: Institutional Isomorphism and Collective Rationality in Organizational Fields," *American Sociological Review* 48, pp. 147-160.

8. Dobbin, F. R. 1994. "Cultural Models of Organization: the Social Construction of Rational Organizing Principles," In Grane, D. (ed.), *The Sociology of Culture: Emerging Theoretical Perspectives*, Oxford, UK: Blackwell: 117-141.

9. Fligstein, N. 1985. "The Spread of the Multidivisional Form among Large Firms: 1919-1979," *American Sociological Review* 50, pp. 567-597.

10. Hall, P. A., Soskice, D. 2001. "An Introduction to Varieties of Capitalism," In Hall, P. A., Soskice, D. (eds.), *Varieties of Capitalism*:

the Instituional Foundation of Comparative Advantage, Oxford, UK: Oxford University Press, pp. 1-68.

11. Holm, P. 1995. " The Dynamics of Instituionalization: Transfermation Processes in Norwegian Fisheries," *Administrative Science Quarterly* 40 (3), pp. 398-422.

12. Ingram, P., Clay, K. 2000. "The Choice within Constraints New Institutionalism and Implications for Sociology," *Annual Review of Sociology* 26, pp. 525-546.

13. Jepperson, R. L. 1991. "Institutions, Institutional Effects, and Institutionlism," In Powell, W. W. and Dimggio, P. J. (eds.), *The New Institutionlism in Organizational Analysis*, Chicago: University of Chicago Press, pp. 143-163.

14. Krasner, S. D. 1988. "Sovereignty: An Institutional Perspective," *Comparative Political Studies* 21, pp. 66-94.

15. Lin, N. 1995. "Local Market Socialism: Local Corporatism in Action in Rural China," *Theory and Society* 24, pp. 301-354.

16. Nee, V. 1989. " A Theory of Market Transition: From Redistribution to Markets in State Socialsm," *American Sociological Review* 54, pp. 663-681.

17. Nee, V. 1991. "Social Inequalities in Reforming State Socialism: Between Redistribution and Markets in China," *American Sociological Review* 56, pp. 267-282.

18. Nee, V. 1996. "The Emergence of a Market Society: Changing Mechanisms of Stratification in China," *American Journal of Sociology* 101, pp. 908-949.

19. Parish, W. L. 1981. "Egalitarianism in Chinese Society," *Problem of Communism*, Vol. 29, pp. 37-53.

20. Parish, W. L. 1984. "Destratification in China," in Watson, J. (ed.), *Class and Social Stratification in Post-Revolution China*, New York:

Cambridge University Press, pp. 84-120.

21. Parish W. L. , Michelson, E. 1996. " Politics and Markets: Dual Transformation," *American Journal of Sociology* 101, pp. 1042-1059.

22. Roller, E. 1994. " Ideological Basis of the Market Economy: Attitudes toward Distribution Principles and the Role of Government in Western and Eastern Germany," *European Sociological Review* Vol. 10, pp. 105-117.

23. Scott, W. R. 1987. "The Adolescence of Institutional Theory," *Administrative Science Quarterly* 32 (4), pp. 493-511.

24. Scott, W. R. 2008. " Approaching Adulthood: the Maturing of Institutional Theory," *Theory and Society* 37(5), pp. 427-442.

25. Szeleny, I. 1978. " Social Inequality in State Socialist Redistributive Economies," *International Journal of Comparative Sociology* 19, pp. 63-87.

26. Szelenyi, I. , Kostello, E. 1996. " The Market Transition Debate: Toward a Synthesis," *American Journal of Sociology* 101, pp. 1082-1096.

27. Szelenyi, I. , Kostello, E. 1998. " Outline of an Institutional Theory of Inequality: The Case of Socialist and Postcommunist Eastern Europe," in Brinton, M. C. and Nee, V. (eds.), *The New Institutionalism in Sociology*, New York: Russell Sage Foundation, pp. 305.

28. Walder, A. G. 1987. " Wage Reform and the Web of Factory Interests," *The China Quarterly* 109, pp. 22-41.

29. Walder, A. G. 1992. " Property Rights and Stratification in Socialist Redistributive Economies," *American Sociological Review*, 57, pp. 524-539.

30. Walder, A. G. 1995. "Local Government as Industrial Firms: An Organizational Analysis of China ' s Transtitional Economy," American Journal of Sociology 101, pp. 263-301.

31. Walder, A. G. 2002. " Markets and Income Inequality in Rural China: Political Advantage in an Expanding Economy," *American Sociological Review* 67, pp. 231-253.

32. Whyte, M. K. 1975. "Inequality and Stratification in China," *China Quarterly* 65, pp. 684-771.

33. Wu, X. 2002. "Work Units and Income Inequality: The Effect of Market Transition in Urban China," *Social Forces* 80(3), pp. 1069-1099.

34. Wu, X., Xie, Y. 2003. " Does the Market pay off? Earings Return to Education in Urban China," *American Sociological Review* 68, pp. 425-442.

35. Xie, Y., Hannum, E. 1996. " Regional Variation of Earings Inequality in Reform-Era Urban China," *American Journal of Sociology* 101, pp. 950-992.

36. Zhou, X., Moen, P. and Tuma, N. B. 1996. " Stratification Dynamics under State Socialism: The Case of Urban China: 1949-1993," *Social Forces* 74, pp. 759-796.

37. Zhou, X. 2000. " Market Transformation and Income Inequality in Urban China: Evidence from Panel Data," *American Journal of Sociology* 105, pp. 1035-1074.